实用书店

图书营销分类方法

王建强　编著

中国文史出版社
CHINA CULTURAL AND HISTORICAL PRESS
·北京·

图书在版编目（CIP）数据

实用书店图书营销分类方法／王建强编著．--北京：中国文史出版社，2020.11

ISBN 978-7-5205-2515-2

Ⅰ．①实… Ⅱ．①王… Ⅲ．①书店-市场营销-图书分类法 Ⅳ．①G235②G254.1

中国版本图书馆 CIP 数据核字（2020）第 218008 号

责任编辑：金硕
装帧设计：北京时代佳誉图文设计有限公司

出版发行：中国文史出版社
社　　址：北京市海淀区西八里庄路 69 号院　　邮编：100142
电　　话：010-81136606　81136602　81136603　81136605（发行部）
传　　真：010-81136655
印　　装：北京温林源印刷有限公司
经　　销：全国新华书店
开　　本：787×1092　1/16
印　　张：18
字　　数：212 千字
版　　次：2021 年 1 月北京第 1 版
印　　次：2021 年 1 月第 1 次印刷
定　　价：58.00 元

编著意图与使用说明

在所有商品中，图书卖场展示分类应该是最复杂的。因为图书不能按尺寸、颜色来分类，只能主要以其内容作为分类依据，而图书的内容又涵盖人类所有知识，对图书的分类面对的是浩如烟海的人类所有知识，这是其一；其二，图书馆的知识分类有严格标准，但并不完全适合照搬到图书卖场上来，比如摄影方面的书，在《中国图书馆分类法：第五版》（以下简称“中图法”）中就包含在一般工业技术、艺术、计算机技术中，这显然就需要进行整合，把有关摄影的书都放在一起，方便读者挑选；其三，知识分类有层级区别，在图书市场上有一种现象，知识层级高的图书也可能就很少，只能放在更高层级的类别中，不需要专门展示，而知识层级低的图书也有可能出版量很大，比如说励志方面的书，它是“中图法”心理学（B84）的内容，在“B848　个性心理学（人格心理学）”的“B848.4　信念、意志、行为”（成功与失败心理入此）里，属于四级分类，虽然“级别低”但书却不少，所以也要设立分类牌。因此可以看出，图书营销分类需要考虑这些因素对知识分类进行梳理整合，才可以满足出版发行管理、图书营销、读者购书心理与习惯等需求。

（1）本书的《图书营销分类表》可以作为我国出版发行单位在进行图书流通领域商品分类时的参考依据，同时也方便员工了解知识体系及图书卖场分类规律。

（2）《图书营销分类表》与“中图法”基本对接，涵盖范围一致，采用了**图书在版编目（CIP）数据**中的主题词和“中图法”分类号。

（3）《图书营销分类表》共有四级分类，一级为大类（9个），二级为部类（39 个），三级为类别（233 个），四级为类目（235 个）。一级和二级一般为图书卖场大的悬挂（或竖立）分类牌，三级和四级为书架上的分类牌。使用者可结合实际需要灵活采用《图书营销分类表》制作适合自己卖场的分类表，但必须与本表相衔接，逻辑关系一致。

（4）《图书营销分类表》在与“中图法”对接中为适应营销的需要对其进行了必要的整合。凡在同一部类中的整合不再专门注明，反之则在删除方给予提示。如在“1－6－6　兵器大观　E920/939　TJ　F407.48”中含有非“1－6　军事　E”部类的“TJ　武器工业”及“F407.48　武器工业经济”，因此在“4－4　工业技术　T”和“1－7－7－1　企业经济　F27　F4”中有删除的提示。

（5）根据现行有关规定，图片、单页标准、台历等仍需用统一书号和中国人民大学图书馆图书分类法（简称“人大法”），因此它们在分类号使用上仍是采用“人大法”数字分类号。

（6）使用本表者仍可以在图书卖场根据营销需要，灵活设立重点书、新书推荐、畅销书、排行榜书、出版社和主题展示等跨类陈列区域或展台（专架），因为《图书营销分类表》主要是服务于图书卖场相对固定分类需要，基本上是按照商品图书其知识内容之间的逻辑关系进行分类的一个完整体系，所以不再显示跨类陈列分类。跨类陈列的图书一般属于临时性摆放，结束后应及时归位（“地方文化”专架除外）。

（7）本书推荐的“大型综合书店图书营销分类表、中型综合书店图书营销分类表、小型综合书店图书营销分类表”是作为参考，当其中某一部分需要细化分类时可在“百家专业书店图书营销分类表”中很方便找出答案。

（8）专业书店营销分类表中的“资料查询服务”，是该店为读者提供专业服务项目的工作标识。

（9）一般读者阅读本书，可以从中获取图书知识体系、书店卖场内寻书导向、图书出版发行标准等知识，是爱书、读书、藏书、购书人士不可或缺的一本工具书。

（10）通过对图书销售类别情况的了解，为观察分析这个地方人们的阅读兴趣提供了客观依据，有利于党和政府为倡导全民阅读，营造书香社会做出有针对性指导。

本书可以作为有关专业学习和单位培训时的参考资料。

目 录

一、《图书营销分类表》大类、部类

1　哲学社科

1－1　马列丛书　A 等

1－2　哲学宗教　B 等

1－3　社科总论　C 等

1－4　政治　D0/8 等

1－5　法律　D9　DF

1－6　军事　E 等

1－7　经济　F

1－8　历史地理　K 等

2　文化教育

2－1　文化科学　G0/3

2－2　教育　G4/79 等

2－3　体育　G8

2－4　语言文字　H

3　文学艺术

3－1　文学　I

3－2　艺术　J 等

4　科学技术

4－1　自然科学　N　O　P　Q　V

4－2　医药卫生　R

4－3　农林牧渔　S 等

4－4　工业技术　T

4－5　计算机技术　TP3

4－6　交通运输　U

4－7　环保与安全　X

5　少儿读物

5－1　亲子辅导　G613

5－2　幼儿启蒙　G613/614 等

5－3　儿童读物　I18　I28 等

5－4　中学生读物　I　Z 等

6　生活服务

6－1　饮食　TS971/972 等

6－2　个人生活　TS973/974 等

6－3　家庭生活　TS975/976 等

6－4　家用电器　TM925　TN85　TN949.1/.8　TN6/7
TN946　TS976.8/.9　TS951.4

7　综合性知识

7－1　丛书　Z1

7－2　百科全书　Z2/3

7－3　论文集　Z4

7－4　年鉴期刊文摘　Z5/8

8　课本教材

8－1　小学课本　G624. 1/. 2

8－2　中学教材　G634. 1/. 2

8－3　职教教材　G634. 1/. 2 及有关学科各类

8－4　高校教材　有关学科各类

9　其他出版物

9－1　图片　“人大法”1/17

9－2　年历（画）　“人大法”8　13

二、《图书营销分类表》类别、类目

1　　哲学社科

1－1　　马列丛书　A　D　K等

1－1－1　　经典著作　A1/5　D2－0

1－1－1－1　　马恩列斯著作　A1/3

1－1－1－2　　毛泽东著作　A4

1－1－1－3　　邓小平著作　A49

1－1－1－4　　习近平著作　D2－0

1－1－1－5　　领袖著作汇编　A5　D2－0

1－1－2　　生平与传记　A7　K827

党和国家领导人传记入此。

1－1－3　　学习和研究　A8　D0－0　D2－0　D610.0/.3等

党的领导人著作研究入此。

1－1－4　　党和国家领导人著作　D2－0

1－1－5　　马列系列书　A　D2－0　K827等

1－2　　哲学宗教　B等

1－2－1　　哲学理论　B　B－4　B0/1　B3/7

1－2－1－1　　哲学基础　B　B－4

1－2－1－2　　马克思主义哲学　B0

1－2－1－3　　世界哲学　B1　B3/7

各洲、各国哲学入此。

1－2－2　　中国哲学　B2

1－2－2－1　　中国哲学思想　B2

1－2－2－2　周易　B221

1－2－2－3　儒家　B222

1－2－3　思维逻辑　B80/81

1－2－3－1　思维科学　B80

1－2－3－2　逻辑学　B81

1－2－4　伦理学　B82

家庭、婚姻道德（B823）入“6－3－6　婚恋家庭道德规范”。

1－2－4－1　伦理学理论　B82－0

1－2－4－2　人生哲学　B821

1－2－4－3　道德规范　B822　B824　B829

1－2－4－4　个人修养　B825

1－2－4－5　名人名言　B825.1　H033.3　H136.33

格言、名言警句入此。

1－2－5　美学　B83

住宅环境美学（B834.2 中有关类）入“6－3－1　居住管理”。

1－2－6　心理学　B84　C912.6－0

动物心理学（B843.2）中有关一般性知识介绍入“6－2－6　宠物”。成年人、老年人、女性、男性心理学（B844.3/.6）中一般性知识介绍入“6－3－5　婚恋家庭问题研究”。社会心理学（C912.6－0）入此。

1－2－6－1　心理学理论　B84－0　B841/846　C912.6－0

1－2－6－2　个性心理　B848.1/.3　B848.5/.9

1－2－6－3　励志　B848.4

成功与失败心理学入此。

1－2－6－4　应用心理学　B849

1－2－7　宗教　B9

1－2－7－1　宗教理论　B91/92

1－2－7－2　佛教　B94

1－2－7－3　道教　B95

1－2－7－4　伊斯兰教　B96

1－2－7－5　基督教　B97

1－2－7－6　其他宗教　B93　B98

1－2－7－7　术数　B99

阴阳五行、占卜、命相、风水、择吉等入此。

1－2－8　哲学宗教类系列书　B

1－3　社科总论　C 等

1－3－1　社科理论　C0/79　〔C7〕

社科丛书、工具书，非书资料、视听资料等入此。

1－3－2　统计学　C8

1－3－3　社会学　C91

1－3－3－1　社会学理论　C91

人际关系（C912.12）入“1－8－6－3　社交礼仪”。恋爱、家庭、婚姻（C913.1）入“6－3－5　婚恋家庭问题研究”。

1－3－3－2　公共关系　C912.3

1－3－3－3　社会问题研究　C913 .3/.9　D669.3/.9

1－3－3－4　职业选择　C913.2　D669.2

大学生就业、择业，个人简历、自荐信写作入此。

1－3－4　人口与计划生育　C92

1－3－5　管理学　C93

1－3－5－1　管理学理论　C93－0　C931/932

1－3－5－2　办公室工作　C931.4

1－3－5－3　领导科学　C933/939

决策学入此。

1－3－6　民族文化人类学　C95　H2　D5/7 和 K1/7　K89 中有关

各类

中国少数民族语言，民族工作、民族问题、民族风俗习惯、民族史志入此。

1－3－7　人才学与劳动科学　C96/97

职业培训（C975）中有关公务员考试部分入“1－4－7　公务员考试”。

1－4　政治　D0/8 等

民族工作、民族问题（D5/7 有关各类）入“1－3－6　民族文化人类学”。

1－4－1　政治理论　D0

1－4－2　党的工作　D1/4

党的领导人著作（D2－0）入“1－1－1－4　习近平著作”和“1－1－4　党和国家领导人著作”。

1－4－2－1　党的知识　D1/3

1－4－2－2　群团工作　D4

1－4－3　世界政治　D33/37　D5　D73/77

各国共产党、各国政治入此。

1－4－4　中国政治　D6

社会生活与社会问题（D669.3/.9）入“1－3－3－3　社会问题研究”。

1－4－4－1　中国政治理论　D60/62　D65/667

1－4－4－2　行政管理　D63

电子政务、MPA 教材入此。

1－4－4－3　公共安全　D630.8/.9　D631

1－4－4－4　精神文明　D64

1－4－4－5　地方政治　D67

一国两制入此。

1－4－4－6　中国政治制度史　D69

1－4－5　外交国际关系　D8

1－4－6　政治类系列书　D0/8

1－4－7　公务员考试　D630.3　C975　G726

人事管理（D630.3）中公务员考试入此。

1－5　法律　D9　DF

1－5－1　法的理论　D90/92　DF0 等

1－5－1－1　法学　D90　D920.0/.4　DF0－05

1－5－1－2　法学各部门　D910/915　D921/925　DF2/75

1－5－1－3　司法制度　D916　D926　DF8

1－5－1－4　犯罪与侦察　D917/918　DF792/794

1－5－1－5　法医学　D919　DF795

1－5－2　中国法律　D92　DF12 等

1－5－2－1　中国法制理论　D909.2　D927/929　DF082　DF092　DF12

中国法学史、法律思想史、地方法制和中国法制史入此。

1－5－2－2　中国法律文本　D920.9　D921/925　DF2－1/DF75－1

法律汇编和单行本入此。

1－5－2－3　法律解释与案例　D911.05　D920.5　DF12－5　DF2－5/75－5 等

权益保护入此。

1－5－2－4　律师与公证　D916.5/.6　D926.5/.6　DF85/86

1－5－3　国际法　D910.9　D99　D93/97　DF081　DF083/087　DF091　DF093/097　DF9

各国法律与综合汇编入此。

1－5－4　司法考试　D926.17　DF817

1－5－5　普法读本　D926.15　DF815

通俗大众法律读本入此。

1－5－6　法律工具书　D9　DF

法律类通用辞典入此，其他入有关各类。

1-5-7 法律类系列书 D9 DF

1-6 军事 E

1-6-1 军事理论 E0

1-6-2 世界军事 E1 E3/7

各国军事入此。

1-6-3 中国军事 E2

1-6-4 兵法战法 E8

1-6-4-1 战略战役战术 E8

1-6-4-2 古代兵法战法 E89

中国和世界各国历代兵法、战法入此。

1-6-5 军事技术 E91 E94/99

1-6-6 兵器大观 E920/939 TJ F407.48

武器工业、武器工业经济入此。

1-6-7 中外战争纪实 I253.2 I15 和 I3/7 中有关类

战争、战役等军事体裁的报告文学、纪实文学入此。

1-6-8 军事类丛书 E 等

1-7 经济 F

1-7-1 经济学 F0

1-7-2 世界经济 F11 F13/17

国际经济关系、各国经济入此。

1-7-3 中国经济 F12

1-7-4 经济管理 F20/22 F28/29

基本建设经济、城市与市政经济入此。

1-7-5 财务审计 F23 等

1-7-5-1 会计财务 F230/235 等

国家机关会计（政府会计）、预算会计（F810.6）、企业会计（F275.2）、金融、保险业会计（F8 有关各类）、基本建设、物资、施工企业会计（F2有关各类）、交通运输业会计（F506.72）、旅游业会计（F590.66）、邮电通信业会计（F606.6）、商业会计、外贸会计（F715.51 F740.45）、房地产开发企业会计（F293.33）、文化、电影、新闻出版企业会计（G J有关各类）、其他有关各类财务管理入此。

1-7-5-2 审计工作 F239

1-7-6 人力资源 F24 F272.92 F406.15

1-7-7 部门经济 F27 F3/8

1-7-7-1 企业经济 F27F4

可按企业管理（F27 F4）、民营企业（F276.5 F421.33）、企业文化（F270）、经理人（F272.91 F406.11）、企业传记（F279.26 F279.29）细分。武器工业经济（F407.48）入“1-6-6 兵器大观”。

1-7-7-2 房产物业 F293.3

1-7-7-3 农业经济 F3

1-7-7-4 信息与物流 F49/5 F25

信息产业经济、交通运输经济入此。

1-7-7-5 旅游经济 F59

1-7-7-6 邮政通信 F6

1-7-7-7 贸易经济 F7

可按国内贸易（F71/72）、市场营销（F713.5/.6 F723）、超市连锁（F717.6）、商务技能（F718）、商品知识（F76）、服务业（F719）、国际贸易（F73/75）细分。

1-7-7-8 广告业 F713.8

1-7-7-9 财政金融 F8

可按财政税收（F81）、货币金融（F82/83）、股票证券

（F830.91）细分。

1－7－7－10　保险业　F84

1－7－8　经济类考试用书　F

注册会计师、MBA、物流师等入此，也可细分。

1－7－9　经济类系列书　F

经济类通用工具书、系列书入此。

1－8　历史地理　K等

1－8－1　史学理论　K　K0

1－8－2　世界史　K1　K3/7

各洲、各国史入此。

1－8－3　中国史　K2

民族史志、民族地理（K1/7有关各类）入“1－3－6民族文化人类学”。

1－8－3－1　中国通史　K20/203

1－8－3－2　中国古代史籍　K204

1－8－3－3　中国史史料　K205/208

历史事件、研究、考订、评论、年表入此。

1－8－3－4　中国史普及读物　K209

1－8－3－5　中国各代史　K21/27

1－8－3－6　中国民族地方史志　K28/29

1－8－4　人物传记　K81/837

1－8－4－1　世界人物传记　K810/811　K833/837

传记研究与编写，各国人物传记入此。

1－8－4－2　中国人物传记　K82

党和国家领导人传记（K827中有关类）入“1－1－2生平与传记”。

1－8－4－3　姓氏寻根　K810.2　K811－61　K819　K82－61　K820.9

姓氏辞典、姓名学、取名等入此。

1－8－5　　文物考古　K85

一般文物考古鉴定入“6－2－13　收藏与鉴赏”。

1－8－6　　风俗习惯　K89

1－8－6－1　　世界风俗习惯　K890　K893/897

民俗学、各国风俗习惯入此。

1－8－6－2　　中国风俗习惯　K892

生育（K892.21）入“6－3－7　家庭育儿与教育”，婚姻（K892.22）入“6－3－5　婚恋家庭问题研究”。

1－8－6－3　　社交礼仪　K892.26　K892.9　C912.12　D802.2

1－8－7　　历史类系列书　K　K0/89

1－8－8　　地理学　K9/90　P90/97

自然地理入此。

1－8－9　　世界地理　K91　K93/97

各国地理入此。

1－8－9－1　　世界地理知识　K912/916　K918　K931/936　K971/976

1－8－9－2　　世界名胜古迹　K917　K938/978

1－8－10　　中国地理　K92

1－8－10－1　　中国地理知识　K921/928.6

1－8－10－2　　中国名胜古迹　K928.7/.8

1－8－10－3　　旅游　K928.9　K919　K939/979　G89 有关类

游记入此。中国旅游、世界各国旅游、旅行活动入此。

1－8－11　　地图　K99　P98 等

1－8－11－1　　世界地图　K991　K993/997　P98

各国地图入此。

1－8－11－2　　中国地图　K992　F512.99　U　P98

中国交通图、运输图入此。

1－8－11－3　　游览图　K992.9　K993/997

1－8－12　　地方文化　K　G 等

有关当地历史、人物、风光名胜、政治、经济等的图书入此。如：申城文化（上海）、殷都文化（安阳）、建康文化（南京）等。

1－8－13　地理类系列书　K9　P9

2　文化教育

2－1　文化科学　G0/3

2－1－1　文化理论　G0/1

世界文化、各国文化入此。

2－1－2　信息与知识传播　G2

2－1－2－1　传媒　G20/22

记者、主持人入此。

2－1－2－2　出版发行　G23

2－1－3　文化事业　G24/27

群众文化、会展、图书馆、博物馆、档案学、情报学入此。

2－1－4　科学研究理论　G3

2－1－5　文化类系列书　G0/3

2－2　教育　G4/79 等

2－2－1　教育理论　G40/57

世界教育事业、各国教育事业入此。

2－2－2　基础教育　G61/63

2－2－2－1　幼儿教育　G61

论述胎教、婴儿教育的著作（G61）入“6－3－7　家庭育儿与教育”。学前教育、幼儿教育教材（G613/614）入“5－1　亲子辅导”和“5－2　幼儿启蒙”。

2－2－2－2　初等教育　G62

小学课本（G624.1/.2）入“8－1　小学课本”。

2－2－2－3　　小学练习　G624.3/.5

可按年级、学科等细分。

2－2－2－4　　小学作文　H194.4

2－2－2－5　　小学阅读　I　H194.4

新课标阅读入此。

2－2－2－6　　中等教育　G63

中学教材（G634.1/.2）入“8－2　中学教材”和“8－3　职教教材”。

2－2－2－7　　中学教辅　G634.3/.5

可按年级、学科等细分。

2－2－2－8　　中学作文　H194.5

2－2－2－9　　中学阅读　I　H194.5

新课标阅读入此。

2－2－2－10　　高考资料　G63 等

报考大学指南入此。

2－2－3　　高等教育　G64

高校教材（有关学科各类）入“8－4　高校教材”。

2－2－4　　留学教育　G648.9　G649.28　G53/57 有关类

外国学校介绍入此。

2－2－5　　其他教育　G65/77

师范、职业技术、成人、业余、高教自考教育等入此。

家庭教育（G78）入“6－3－7　家庭育儿与教育”。

2－2－6　　学习方法　G79

2－2－7　　学生用工具书　G623　G633 等

2－2－8　　教育类系列书　G4/79

2－3　　体育　G8

文体活动（G89）入生活服务“6－2　个人生活”有关类别和“1－8－10－3　旅游”。

2－3－1　竞技体育　G80/84　G86/88

2－3－1－1　体育理论　G80/81

世界体育、奥林匹克、各国体育入此。

2－3－1－2　田径运动　G82

2－3－1－3　体操运动　G83

2－3－1－4　球类运动　G84

2－3－1－5　水上运动　G86

2－3－1－6　其他体育运动　G87/88

2－3－2　中国武术　G85

非竞技类健身武术、气功入“6－2－10　健身活动”。

2－3－2－1　武术理论　G852

2－3－2－2　拳术　G852.1

2－3－2－3　器械武术　G852.2

2－3－2－4　武术演练　G852.3/.5

2－3－2－5　武术气功　G852.6

2－3－3　民族形式体育　G852.9　G853/857

各国民族形式体育入此。

2－3－4　体育类系列书　G8

2－4　语言文字　H

格言、名言警句（H033　H136.33）入“1－2－4－5　名人名言”。初级学校用读物（H194.4）、中级学校用读物（H194.5）入“2－2－2－4/5　小学作文、小学阅读”，“2－2－2－8/9　中学作文、中学阅读”。中国少数民族语言（H2）入“1－3－6　民族文化人类学”。

2－4－1　语言学　H0

2－4－2　汉语　H1

语言学（H0）中相关内容入此。

2－4－2－1　汉语言文字　H1/14　H159

2－4－2－2　演讲与口才　H019　H119

2－4－2－3　写作与修辞　H05　H15

翻译学入此。

2－4－2－4　成语　H033　H136.3

成语辞典、歇后语入此。

2－3－2－5　方言　H07　H17

2－3－2－6　汉语教学　H19

汉语读物和对外汉语教学入此。

2－4－2－7　汉语工具书　H061　H16

三种及三种以上语言对照的词典入此。

2－4－3　特种语言文字　H026　H126

速记、盲文、形态语言入此。

2－4－4　语言文字类系列书　H0/1

2－4－5　英语　H31

2－4－5－1　英语学习　H31/310.1　H310.9　H312/314　H317/319.3　H319.6

可按专门英语、热门英语等主题细分。

2－4－5－2　英语考试　H310.4

英语考级入此。

2－4－5－3　实用英语　H311　H319.9 等

英语口语、听力英语、专业英语入此。

2－4－5－4　英语写作　H315

2－4－5－5　英语翻译　H315.9

2－4－5－6　英语读物　H319.4

英语名著、英汉对照入此。

2－4－5－7　英语原版书

进口图书。

2－4－5－8　英语辞典　H316

英汉辞典入此。

2－4－6　其他外语　H32/9

2－4－6－1　法语　H32

2－4－6－2　德语　H33

2－4－6－3　西班牙语　H34

2－4－6－4　俄语　H35

2－4－6－5　日语　H36

2－4－6－6　阿拉伯语　H37

2－4－6－7　其他语言　H4/9

国际辅助语入此。

2－4－7　外语类系列书　H31/9

出国指南入此。

3　文学艺术

3－1　文学　I

儿童文学（I18　I28）入“5－3－1　儿童文学”。文学作品少儿版入“2－2－2－5　小学阅读”，“2－2－2－9　中学阅读”和“5　少儿读物”中有关类别。军事报告文学（I253.2　I15和I3/7中有关类）入“1－6－7　中外战争纪实”。

3－1－1　文学理论　I0/10　I200/209　I3/7有关类

文学评论、文学欣赏，各国文学理论入此。

3－1－2　世界文学作品　I11/199

3－1－3　中国文学作品　I21/299

3－1－3－1　中国文学作品集　I21

鲁迅著作及研究入此。

3－1－3－2　中国诗歌韵文　I22

可按古代诗歌韵文（包括近代）、现当代诗歌韵文细分。

3－1－3－3　　中国戏剧文学　I23 等

曲艺入此。也可将当前热放（播）电影、电视剧的原本小说入此。

3－1－3－4　　中国小说　I24

可按古代名著（包括近代）、现代小说、当代小说细分。也可按主题细分，如：军事小说、科幻小说、武侠小说等。

3－1－3－5　　中国纪实文学　I25

报告文学入此。

3－1－3－6　　中国散文　I26

杂著、对联入此。可按古代散文（包括近代）、现代散文和当代散文细分。也可按散文、随笔、杂文、书信日记、对联等细分。

3－1－3－7　　中国民间文学　I27　I29

少数民族文学、宗教文学入此。也可按民间故事、谜语、笑话、幽默、手机短信息等细分。

3－1－4　　外国文学作品　I3/7 有关类

3－1－4－1　　外国文学名著　I3/7 有关类

3－1－4－2　　外国文学　I3/7 有关类

可仿中国文学作品细分，也可按洲或国家细分。

3－1－5　　文学类系列书　I

3－2　　艺术　J 等

艺术类书中适合少儿的入“5　少儿读物”中有关类别。

3－2－1　　艺术理论　J0/1

世界艺术、各国艺术入此。可单列艺术作品综合集（J111　J121）。

3－2－2　　绘画　J2

3－2－2－1　　绘画理论与技法　J2/21

可按不同画种细分。如，油画、国画、素描速写等。

3－2－2－2　绘画作品　J22/23

可按不同国家或不同画种细分。

3－2－3　书法　J292/292.35　J293

3－2－3－1　书法理论和方法　J292/292.11　J292.19

毛笔字入此。

3－2－3－2　其他书法　J292.12/.15　J293

硬笔字、美术字、少数民族文字、拼音文字、外文书法及作品入此，也可细分。

3－2－3－3　碑帖书法作品　J292.2/.3

可按时代或书体细分。

3－2－4　篆刻治印及作品　J292.4

3－2－5　雕塑　J3

3－2－6　摄影　J4　TB8 等

3－2－6－1　摄影技术　TB8　TP391.41 中有关类

数码摄影入此。

3－2－6－2　摄影艺术　J40/41

可按不同摄影艺术细分。

3－2－6－3　摄影艺术作品　J42/43

世界各国摄影艺术入此。

3－2－7　工艺美术　J5

各国工艺美术入此。

3－2－8　美术教学　J0/5

3－2－9　美术类系列书　J0/5

3－2－10　音乐理论与方法　J60/61　J69

音乐事业入此。

3－2－11　西洋器乐理论与演奏法　J62

可按不同乐器细分。

3－2－12　　民族器乐理论与演奏法　J63

宗教器乐理论与演奏法入此。可按不同乐器细分。

3－2－13　　中国音乐作品　J64

可按歌曲、戏剧音乐、配乐音乐曲谱、曲艺音乐乐曲、舞蹈乐曲、器乐曲等来细分。

3－2－14　　各国音乐作品　J65

可仿“3－2－13　中国音乐作品”细分。

3－2－15　　舞蹈　J7

3－2－16　　戏剧、曲艺、杂技　J8

3－2－17　　电影、电视艺术　J9

3－2－18　　艺术教学　J6/9

3－2－19　　艺术类系列书　J6/9

4　　科学技术

少儿版科学技术书籍入“5　少儿读物”中有关类别。

4－1　　自然科学　N　O　P　Q　V

4－1－1　　自然科学总论　N

4－1－1－1　　自然科学理论　N　N0/3　N5/94

科学丛书、工具书，非书资料、视听资料、非线性科学、系统科学入此。

4－1－1－2　　科学教育与普及　N4

4－1－2　　数理科学和化学　O

4－1－2－1　　数学　O1/2

4－1－2－2　　物理学　O3/5

4－1－2－3　　化学　O6/7

晶体学入此。

4－1－2－4　　数理化系列书　O

4－1－3　　天文学地球科学　P

时间、历法（P19）入“6－3－8　历书”。自然地理（P9）入“1－8－8　地理学”和“1－8－11－1　世界地图”，“1－8－11－2　中国地图”。

4－1－3－1　天文学　P1

4－1－3－2　地球科学　P2/7

地质学入此。

4－1－4　生物科学　Q

动物学（Q95）、鸟纲（Q959.7）、昆虫学（Q96）中一般性宠物知识介绍入“6－2　个人生活”有关类别。

4－1－4－1　基础生物学　Q0/6

4－1－4－2　分子生物学　Q7

基因工程入此。

4－1－4－3　生物技术　Q81

4－1－4－4　生物学　Q91/96

植物学、动物学等入此。

4－1－4－5　人类学　Q98

4－1－4－6　生物学科普书　Q

4－1－5　航空航天　V

4－1－5－1　航空知识　V1/3　U8

航空航天总论、航空运输入此。

4－1－5－2　航天知识　V4/5

4－1－5－3　航空航天科普　V

4－2　医药卫生　R

普及性优生优育（R169）、妇幼保健（R17）、营养卫生（R15/16　R179）、养生保健知识（R455　R212　R14　R395.6　R131　R247.1）等入“6　生活服务”中有关类别。

4－2－1　医学理论　R0/1　R3

4－2－1－1　预防医学卫生学　R0/1

医药、卫生一般理论、现状与发展入此。

4－2－1－2　基础医学　R3

4－2－2　中国医学　R2

4－2－2－1　中医理论　R2　R21/22

4－2－2－2　中医临床　R24

4－2－2－3　针灸按摩　R244/246

4－2－2－4　食物疗法　R247.1 等

其他医学食物疗法也入此。

4－2－2－5　中医各科　R25/278

4－2－2－6　中药学　R28

4－2－2－7　方剂学　R289

4－2－2－8　中国少数民族医学　R29

4－2－3　医疗科学　R4/8

4－2－3－1　临床医学　R4

4－2－3－2　内科学　R5

4－2－3－3　外科学　R6

4－2－3－4　妇幼健康　R71　R169　R17

4－2－3－5　儿科学　R72

4－2－3－6　肿瘤学　R73

4－2－3－7　神经病学与精神病学　R74

可按神经病学、精神病学和心理治疗（R749.055 R395）细分。

4－2－3－8　皮肤病学与性病学　R75

可按皮肤病学、性医学细分。

4－2－3－9　五官科　R76

4－2－3－10　眼科学　R77

4－2－3－11　口腔科学　R78

4－2－3－12　其他医学　R79/8

外国民族医学和特种医学入此。

4－2－4　药学　R9

4－2－5　医卫培训　R

4－2－6　医卫系列书　R

4－3　农林牧渔　S 等

宠物（S82/83　S815）、家庭养花（S965.8）、钓鱼（S973.3）等入“6　生活服务”中有关类别。

4－3－1　农业基础科学　S　S1/2

农业工程、农业机械、农业水利入此。

4－3－2　种植业　S3/5

4－3－2－1　农艺学　S3

4－3－2－2　植物保护　S4

4－3－2－3　农作物　S5

也可按农作物品种细分。

4－3－2－4　经济作物　S56

4－3－3　园艺　S6

4－3－3－1　园艺理论　S60/62

4－3－3－2　蔬菜瓜果　S63/65

西瓜、甜瓜入此。

4－3－3－3　果树　S66

可按品种细分。

4－3－3－4　观赏园艺　S68

4－3－4　林业　S7

4－3－5　养殖业　S8

可按畜牧学、家畜、家禽、兽医学、动物驯养、畜产品、蚕桑与养蜂细分。

4－3－6　水产渔业　S9

可按水产、渔业和水产品细分。

4-3-7　　农科培训　S

4-3-8　　农民致富丛书　S 等

4-4　　工业技术　T

计算机技术（TP3）单列为部类，生活服务（TS97）单列为大类。武器工业（TJ）入“1-6-6　兵器大观”。家用电器及其他电器设备（TM925）入“6-4　家用电器”。工艺美术制品工业（TS93）入“3-2　艺术”中有关类别（目）。

4-4-1　　工业技术总论　T

4-4-1-1　　工业技术理论　T-0/-2

工业技术现状与发展，工业机构、团体、会议，工程技术人员考核、培养等入此。

4-4-1-2　　工业技术专利与发明　T-18/-19

总论工业技术专利、专利汇编入此。

4-4-1-3　　工业手册　T-62/-63

工程师手册、产品目录入此。

4-4-1-4　　工业规程与标准　T-65　“人大法”15

标准汇编及单项本标准入此，可按部类细分。

4-4-2　　一般工业技术　TB

摄影技术（TB8）入“3-2-6-1　摄影技术”。

4-4-2-1　　一般工业技术理论　TB

4-4-2-2　　工程材料　TB3

4-4-2-3　　产品设计　TB2　TB47

4-4-2-4　　产品包装　TB48　TS09

4-4-3　　矿业工程　TD

4-4-4　　石油天然气工业　TE

4-4-5　　冶金工业　TF

4－4－6　金属学与金属工艺　TG

可单列技工培训。

4－4－7　机械仪表工业　TH

4－4－7－1　机械　TH11/6

4－4－7－2　仪表　TH7/89

4－4－8　能源与动力工程　TK

4－4－9　原子能技术　TL

4－4－10　电工技术　TM

可单列电工培训。

4－4－11　电子通信技术　TN

电子元件、组件（TN6）和基本电子电路（TN7）中有关类，录像系统、放像系统（TN946），接受设备、无线电收音机（TN85）、电视接收机的维修（TN949.7）入“6－4　家用电器”。

4－4－11－1　电子技术　TN0/8

4－4－11－2　电信技术　TN91/99

移动通信入此。

4－4－11－3　电信技术培训　TN

4－4－12　自动化技术　TP1/2　TP6/8

射流技术、遥感技术、远动技术入此。

4－4－13　化学工业　TQ

4－4－13－1　化学工业理论与技术　TQ0/43　TQ51/63

4－4－13－2　化肥农药　TQ44/45

4－4－13－3　制药　TQ46

4－4－13－4　日用化工　TQ64/65

4－4－13－5　化工工具书　TQ－6

4－4－13－6　化工培训　TQ

4－4－14　轻工业手工业　TS0/95

家具（TS664）一般性介绍入“6－3－2　家具”，复印机（TS951.4）入“6－4　家用电器”，电子宠物（TS958.2＋89）入“6－2－6　宠物”。

4－4－14－1　轻工业手工业理论与技术　TS0/95

4－4－14－2　轻工工具书　TS－6

4－4－14－3　轻工培训　TS

4－4－15　建筑科学　TU

建筑类标准入“4－4－1－4　工业规程与标准”，家宅设备维护（TU8有关类）入“6－3－1　居住管理”，非专业性室内装饰（TU238.2）入“6－3－3　家宅装潢”。

4－4－15－1　建筑理论与技术　TU－0　TU1/97

4－4－15－2　建筑艺术　TU－8

4－4－15－3　城乡规划与市政工程　TU98/99

4－4－15－4　建筑工具书　TU－6

4－4－15－5　建筑培训考试　TU

建筑师、建筑工等培训考试用书入此。

4－4－16　水利工程　TV

4－4－17　工业类系列书　T

4－5　计算机技术　TP3

图像识别及其装置（TP391.41）中有关数码摄影入“3－2－6－1　摄影技术”。

4－5－1　计算机知识　TP3－05　TP30

4－5－1－1　计算机理论　TP3－05　TP30

4－5－1－2　计算机维修　TP306/307

4－5－1－3　计算机安全　TP309

4－5－2　计算机软件　TP31　TP37

4－5－2－1　计算机软件知识　TP31

各种软件知识入此，也可细分。

4-5-2-2　多媒体　TP316.5　TP37

4-5-3　计算机硬件　TP32/36　TP38

4-5-4　计算机应用　TP39

4-5-4-1　计算机应用知识　TP39

4-5-4-2　计算机网络　TP393

4-5-4-3　国际互联网　TP393.4

4-5-5　计算机培训与考级　TP393.4-4

4-5-6　计算机系列书　TP3

4-6　交通运输　U

交通类地图入“1-8-11-2　中国地图”。

4-6-1　综合运输　U1

4-6-2　铁路运输　U2

4-6-3　公路运输　U4

4-6-3-1　公路建设与管理　U41/45　U49

4-6-3-2　汽车工程　U46

汽车制造业入此。

4-6-3-3　汽车驾驶　U471

4-6-3-4　汽车修理　U472/473　U48

汽车油料、电车、摩托车、自行车、缆车、三轮车、畜力车等入此。

4-6-4　水路运输　U6

4-6-5　运输类系列书　U

运输类工具书入此。

4-7　环保与安全　X

4-7-1　环境科学　X-0/-6　X1/8

4-7-1-1　环境科学知识　X-0/-6　X1/2

4-7-1-2　环境治理　X3/8

环境监测入此。

4－7－2　　安全科学　X9

4－7－2－1　　安全科学知识　X9/92

4－7－2－2　　安全工程　X93/96

家庭安全（X956）入“6－3－1　居住管理”。

4－7－3　　环保与安全系列书　X

环保与安全培训、科普书入此。

5　少儿读物

5－1　　亲子辅导　G613

父母亲辅导0－2岁内孩子的读物。

5－1－1　　识图学说话　G613.2

5－1－2　　童谣儿歌　G613.3

5－1－3　　看图学识数　G613.4

5－1－4　　跟妈妈听音乐　G613.5

看舞蹈入此。

5－1－5　　跟妈妈学画画　G613.6

手工入此。

5－1－6　　跟妈妈做游戏　G613.7

5－2　　幼儿启蒙　G613/614等

适宜3－6岁以内孩子的读物入此。

5－2－1　　语言识字　G613.2

5－2－2　　常识故事　G613.3

5－2－3　　算术计算　G613.4

5－2－4　　音乐舞蹈　G613.5

5－2－5　　美术　G613.6

图画、手工、书法入此。

5－2－6　　体育游戏　G613.7

5－2－7 玩具教具 G614

5－2－8 幼儿外语 H3/7 G623.3

5－2－9 幼儿系列丛书 G H I等

5－3 儿童读物 I18 I28等

5－3－1 儿童文学 I18 I28

5－3－2 中国文学名著（儿童版） I24

5－3－3 外国文学名著（儿童版） I14 I3/7

世界文学名著（儿童版）入此。

5－3－4 中外诗歌（儿童版） I12 I22 I3/7

5－3－5 中外散文（儿童版） I16 I26 I3/7

5－3－6 历史读物（儿童版） K1/8

人物传记入此。

5－3－7 百科知识 Z2/3

儿童科幻读物入此。

5－3－8 注音读物 H125.4

5－3－9 儿童画册 J229 “人大法”8

图片、卡通、动画、漫画等入此。

5－3－10 儿童文体 J2/9 G8

小学生课余绘画、书法、音乐、舞蹈、体育、游戏、手工入此，也可按此细分。

5－3－11 儿童时代 I1/7

反映小学生校园生活的图书入此。

5－3－12 小学生系列丛书 G H I等

5－4 中学生读物 I等

5－4－1 中国文学名著（少年版） I24

5－4－2 外国文学名著（少年版） I14 I3/7

世界文学名著（少年版）入此。

5－4－3 中外诗歌（少年版） I12 I22 I3/7

5－4－4　中外散文（少年版）　I16　I26　I3/7

5－4－5　历史知识（少年版）　K1/8

人物传记入此。

5－4－6　百科探秘　Z2/3

少年科幻读物入此。

5－4－7　画册　J229　“人大法”8

图片、卡通、连环画、漫画等入此。

5－4－8　中学生文体　J2/9　G8

中学生课余绘画、书法、音乐、舞蹈、体育入此，也可按此细分。

5－4－9　青春之歌　I1/7

反映中学生校园生活的图书入此。

5－4－10　中学生系列丛书　G　H　I 等

6　生活服务

6－1　饮食　TS971/972 等

6－1－1　饮食文化　TS971

美食学入此。

6－1－2　烹饪法　TS972. 11

6－1－3　菜谱　TS972. 12

6－1－4　主食　TS972. 13

6－1－5　各地食谱、菜谱　TS972. 14　TS972. 18

世界各国、中国各地食品入此。

6－1－6　快餐　TS972. 15

6－1－7　各种用途的食谱、菜谱　TS972. 16

6－1－8　清真食品　TS972. 17

6－1－9　西餐　TS972. 18/. 19

各国食品、调酒技术入此。

6－1－10　　厨房餐厅　TS972.21/.23　TS972.26　TS972.3

厨房餐厅用具、饮食管理入此。

6－1－11　　营养卫生　R151/155　TS972.24

食品卫生、食物保存入此。

6－1－12　　饮食类丛书　TS971/972等

6－2　　个人生活　TS973/974等

6－2－1　　洗染缝补　TS973.1/.3

6－2－2　　穿着打扮　TS973.4

6－2－3　　室内小陈设　TS973.5

6－2－4　　美容美发　TS974.1/.2

6－2－5　　个人卫生　R161.5/.6　R163/168　R179　TS974.3

6－2－6　　宠物　B843.2　S82/85与Q95中有关类　TS958.2+89　TS976.38　S815

电子宠物入此。

6－2－7　　鸟虫鱼　Q959.7　Q96　S965.8

6－2－8　　花卉盆景　S68

6－2－9　　钓鱼　G897　S973.3

6－2－10　　健身活动　R161　G85　G883　G831中有关各类　G896

健身休闲类武术、气功、太极、瑜珈、形体运动、美体等入此，也可按此细分。

6－2－11　　棋牌乐　G891/892

棋类、牌类活动入此，也可细分。

6－2－12　　文体活动　G893　G895/896　G898/899

康乐球、台球、狩猎、活动性游戏、智力游戏、电子游戏、信鸽、斗鸡、斗蟋蟀、户外活动等入此。

6－2－13　　收藏与鉴赏　G262/265　G268.8　K854.2

文物考古中一般鉴定图书和集邮入此。

6－2－14　　养生保健　R131　R212　R161.7　R214　R455

R247.1　R255.405　R395.6　TS972.161

一般保健法、家庭保健、劳动生理卫生、长寿法、健身法、健脑法、气功健身、心理卫生、食养等入此，也可细分。

6-2-15　个人生活大全　Z2/3 等

男子、妇女生活大全入此。

6-3　家庭生活　TS975/979 等

6-3-1　居住管理　TS975　TU8　F719　TU241

J525.1　B834.2　X956 中有关类

有关家宅选择、陈设、布置、美化、管理、维护、安全方面的图书入此，也可细分。

6-3-2　家具　J525.3　TS664

一般性介绍家具的图书入此。

6-3-3　家宅装潢　TU238.2　TU241

非专业性家装图书入此。

6-3-4　家务管理　TS976.1　TS976.7

居室卫生、家庭财务管理、家庭服务入此。

6-3-5　婚恋家庭问题研究　TS976.32/.34　B844.3/.6

K892.22　C913.1　D669.1

中年人生活、老年人生活入此。成年人、老年人、女性、男性心理学一般性介绍，婚姻风俗入此。

6-3-6　婚恋家庭道德规范　B823

性道德入此。

6-3-7　家庭育儿与教育　TS976.31　B844.1　G61　G78　R17

R72　K892.21　R169 中有关内容

非专业性优生优育知识、胎儿、新生儿心理学、胎教、哺乳期卫生、婴幼儿卫生，生育风俗等入此，也可细分。

6-3-8　历书　P19

6 - 3 - 9　家庭生活大全　TS976.3　TS976.39　TS979

6 - 3 - 10　生活类系列书　TS97　Z2/3 等

6 - 4　家用电器　TM925　TN85　TN949.7　TN6/7　TN946　TS976.8/.9　TS951.4

收音机、电视机、音响、空调、冰箱、家庭日常用品与设备、家庭自动化、复印机修理等入此，也可细分。

7　综合性知识

7 - 1　丛书　Z1

能归入其他大类、部类的丛书（系列书）不入此。

7 - 2　百科全书　Z2/3

能归入其他大类、部类的百科全书、类书、辞典不入此。

7 - 3　论文集　Z4

能归入其他大类、部类的论文集不入此。

7 - 4　年鉴期刊文摘　Z5/8

能归入其他大类、部类的年鉴、期刊、图书目录、文摘、索引不入此。

8　课本教材

能归入其他部类有助于读者选择的教材不入此。

8 - 1　小学课本　G624.1/.2

可按学科或年级细分。

8 - 2　中学教材　G634.1/.2

可按学科或年级细分。

8 - 3　职教教材　G634.1/.2 及有关学科各类

可按专业或学科细分。

8 - 4　高校教材　有关学科各类

可按学科或专业细分。

9　　其他出版物

9－1　　图片　“人大法”1/17

能归入其他大类、部类的图片不入此。

9－2　　年历（画）　“人大法”8　13

挂历、台历、日历、年历画、年画等入此，也可按品种或出版社细分。

三、大型综合书店图书营销分类表

（适用于卖场面积 10000 平方米以上的书店使用）

1. 哲学社科

序号	类　名	涵 盖 内 容	分类号（CIP 数据Ⅵ.）	架位号
1	**马恩列斯著作**	马克思、恩格斯、 列宁、斯大林著作	A1/3	A000
2	毛泽东著作	选集、文集、语录等	A4	A000
3	邓小平著作	选集、文集、语录等	A49	A000
4	习近平著作	选集、文集、语录等	D2－0	A000
5	著作汇编	领袖著作汇编	A5　D2－0	A000
6	生平与传记	领袖与党的领导人的传记、 生平事迹等	A7/8　K827	A000
7	学习和研究	领袖思想学习和研究文集、 专题汇编等	A8　D0－0 D2－0 D610.0/.3 等	A000
8	党和国家 领导人著作	“三个代表”、科学发展观等	D2－0	A000
9	马列系列书	领袖著作、传记、研究等 系列图书	A　D2－0 K827 等	A000

1	**哲学基础**	基础理论、学习与普及	B　B－4	B000
2	马克思主义哲学	基本问题、辩证唯物主义与历史唯物主义	B0	B000
3	世界哲学	各洲、各国哲学	B1　B3/7	B000
4	中国哲学思想	中国哲学史、思想史、其他传统哲学	B2	B000
5	周　易	易学思想	B221	B000
6	儒　家	儒家思想	B222	B000
7	思维科学	思维规律、思维方式等	B80	B000
8	逻辑学	辩证逻辑、形式逻辑等	B81	B000
9	伦理学理论	伦理学理论与方法论、伦理学史等	B82－0	B000
10	人生哲学	人生观等	B821	B000
11	道德规范	国家道德、社会公德等	B822　B824 B829	B000
12	个人修养	修身、处事、劝善等	B825	B000
13	名人名言	个人修养格言、名言警句等	B825.1　H033.3 H136.33	B000
14	美　学	美学理论、美学与现实社会生活	B83	B000

15	心理学理论	心理学研究方法、 生理心理学等	B84－0 B841/846	B000
16	个性心理	神经类型与气质、性格等	B848.1/.3 B848.5/.9	B000
17	励　志	成功与失败心理等	B848.4	B000
18	应用心理学	心理咨询与心理辅导等	B849	B000
19	宗教理论	宗教理论与概况、宗教史等	B91/92	B000
20	佛　教	佛学、佛教史等	B94	B000
21	道　教	道藏、道教史等	B95	B000
22	伊斯兰教	古兰经、伊斯兰教史等	B96	B000
23	基督教	圣经、天主教、基督教史等	B97	B000
24	其他宗教	神话与原始宗教、 地方宗教、新兴宗教等	B93　B98	B000
25	术　数	阴阳五行、占卜、 命相、风水、择吉等	B99	B000
26	哲学宗教 类系列书	各类哲学、宗教系列图书	B	B000
1	**社科理论**	社科丛书、工具书， 非书资料、视听资料等	C0/79〔C7〕	C000
2	统计学	统计方法、统计资料	C8	C000

3	社会学理论	社会结构与社会关系、社会舆论、社会行为、社会调查、社会管理等	C91－0　C912　C914/916	C000
4	公共关系	社会关系、公共关系学等	C912. 3	C000
5	社会问题研究	青少年、中老年妇女、残疾人问题等	C913 . 3/. 9　D669. 3/. 9	C000
6	职业选择	大学生就业、择业，个人简历、自荐信写作等	C913. 2　D669. 2 等	C000
7	人口与计划生育	人口学、人口统计等	C92	C000
8	管理学理论	管理技术与方法、咨询学等	C93－0　C931/932	C000
9	办公室工作	办公室组织与管理、办公自动化、文秘工作等	C931. 4	C000
10	领导科学	领导方法与艺术、决策学、应用管理等	C933/939	C000
11	民族文化人类学	民族学、文化人类学、中国少数民族语言，民族工作、民族问题、民族史志等	C95　H2　D5/7　K89　K28 和 K1/7 中有关各类	C000
12	人才学与劳动科学	人才管理、劳动管理等	C96/97	C000
1	**政治理论**	政治学、政治学史等	D0	D000
2	党的知识	国际共运、党的建设、党史等	D1/2	D000
3	群团工作	工人、农民、青年、妇女运动与组织等	D4	D000

4	世界政治	各国共产党、世界政治、 各国政治等	D33/37 D5 D73/77	D000
5	中国政治理论	政策、政论、政治制度、 行政管理、政治运动、地方政治等	D60/62 D65/667	D000
6	行政管理	政府管理信息化、公务员、 民政工作等	D63	D000
7	公共安全	监察、监督、公安工作、户籍管理、交通管理、出入境管理、消防工作、看守所、收审所管理等	D630. 8/. 9 D631	D000
8	精神文明	思想政治教育、 精神文明建设、爱国主义教育等	D64	D000
9	地方政治	地方行政管理、一国两制等	D67	D000
10	中国政治 制度史	选举制度、人事制度、 社会生活等	D69	D000
11	外交国际关系	外交政策、国际问题、 中国外交史等	D8	D000
12	政治类系列书	政治类系列读本、套装书等	D0/8	D000
13	公务员考试	有关政务考试的大纲、 复习资料等	D630. 3 C975 G726	D000
1	**法　学**	法律理论、法哲学等	D90	DF00
2	法学各部门	国家法、宪法、 民法典、刑法、诉讼法等	D910/915 D921/925	DF00
3	司法制度	司法行政、司法监督等	D916 D926	DF00
4	犯罪与侦察	犯罪学、刑事侦查学等	D917/918	DF00

5	法医学	法医基础科学、 法医鉴定学等	D919	DF00
6	中国法制理论	理论学习、研究， 中国法制史、地方法制等	D927/929	DF00
7	中国法律文本	法律汇编、单行本等	D920. 9 D921/925	DF00
8	法律解释 与案例	法的讲解、问答、 说明、权益保护等	D911. 05 D920. 5	DF00
9	律师与公证	律师制度、公证制度等	D916. 5/. 6 D926. 5/. 6	DF00
10	国际法	各国法律、国际法理论、 国际民事诉讼法等	D93/97 D910. 9　D99	DF00
11	司法考试	司法人员培训、律师考试辅导等	D926. 17	DF00
12	普法读本	司法教育通俗读物	D926. 15	DF00
13	法律工具书	法律类通用词典、法律大全等	D9	DF00
14	法律类系列书	法律类系列读本、套装书等	D9	DF00
1	**军事理论**	军事哲学、军事分支学科、 军事思想史等	E0	E000
2	世界军事	军事制度、军事科研组织与活动、 军事史等	E1　E3/7	E000
3	中国军事	军事理论、政治工作、 国防建设与战备、军事史等	E2	E000
4	战略战役战术	战略学、战役学、战术学、 军事情报与军事侦察等	E8	E000

5	古代兵法战法	中国历代兵法、世界各国古代兵法等	E89	E000
6	军事技术	军事技术基础科学、军事指挥信息系统、军事工程、军事地形学、军事地理学等	E91　E94/99	E000
7	兵器大观	武器、军用器材、武器工业、武器工业经济等	E920/939　TJ F407.48	E000
8	中外战争纪实	战争、战役等军事体裁的报告文学、纪实文学、剧本、摄影集等	I253.2　I15 J 和 I3/7 中有关类	E000
9	军事类丛书	军事、战争类系列读本、套装书等	E 等	E000
1	**经济学**	经济学基本理论、生产方式、经济思想史等	F0	F000
2	世界经济	国际经济关系、经济全球化、国际经济组织与会议、世界经济史等	F11　F13/17	F000
3	中国经济	经济发展道路与模式、产业结构、中国经济史等	F12	F000
4	经济管理	国民经济管理、经济计划与规划、经济计算、经济数学方法、基本建设经济、城市经济等	F20/22 F28/293.27	F000
5	会计财务	会计学、会计核算工作自动化、各部门会计和薄记等	F230/235 等	F000
6	审计工作	审计学、审计方法与技术等	F239	F000
7	人力资源	劳动力与人力资源、企业人力资源管理等	F24　F272.92 F406.15	F000
8	企业经济	产业经济、企业经济、工业经济等	F26/27　F4	F000

9	房产物业	房地产市场、中介、物业管理等	F293.3	F000
10	农业经济	农业经济理论、农业部门经济、世界农业经济、农业经济史等	F3	F000
11	信息与物流	信息产业经济、物流经济、第三方物流与企业、世界物流经济等	F49/5　F25	F000
12	旅游经济	旅游经济理论与方法、旅游企业、旅游市场与开发、世界旅游业等	F59	F000
13	邮政通信	通信经济理论、邮政快递、电信、世界通信业史等	F6	F000
14	贸易经济	商品流通与市场、商业企业、中介服务、国内外贸易经济、贸易史等	F7	F000
15	广告业	广告策划与制作、广告企业与管理等	F713.8	F000
16	财政金融	财政理论、货币、金融、银行、信贷、股票证券、财政金融史等	F8	F000
17	保险业	保险理论、保险组织和管理、保险业务、保险业史等	F84	F000
18	经济类考试用书	注册会计师、MBA、物流师等	F	F000
19	经济类系列书	经济类通用工具书、系列书等	F	F000
1	**史学理论**	总论历史兼论地理、史学的哲学基础、史学史等	K　K0	K000
2	世界史	通史、上古史、古代史、各国史等	K1　K3/7	K000
3	中国通史	通史、革命史、文化史等	K20/203	K000

4	中国古代史籍	纪传体史书合刻、纪传、编年、记事本末、杂史、史钞等	K204	K000
5	中国史史料	历史事件、公牍、档案、汉学、年表等	K205/208	K000
6	中国史普及读物	各类中国历史通俗读物	K209	K000
7	中国各代史	上古史、古代史早期等	K21/27	K000
8	地方史志	方志学、各省、区史志等	K29	K000
9	世界人物传记	传记研究与编写、世界及各国人物传记	K810/811 K833/837	K000
10	中国人物传记	中国各代、各界人物传记	K82	K000
11	姓氏寻根	谱系学、世界各国氏族谱系、人名辞典、姓氏词典等	K810. 2 K811 – 61 K819 K82 – 61 K820. 9	K000
12	文物考古	考古学、考古方法与技术、中外文物考古	K85	K000
13	世界风俗习惯	民俗学、世界各国风俗习惯	K890 K893/897	K000
14	中国风俗习惯	节日、节令、各种民俗专志等	K892	K000
15	社交礼仪	礼仪、礼节民俗、古代礼制、社交礼仪、外交礼节等	K892. 26 K892. 9 C912. 12 D802. 2	K000
16	历史类系列书	历史类通用工具书、套装书、系列书等	K K0/89	K000
1	**地理学**	地理学史、文化地理学、自然地理学等	K9/90 P90/97	KD00

2	世界地理知识	世界政治区划、历史地理、专类地理、各国地理等	K912/916 K918 K931/936 K971/976	KD00
3	世界名胜古迹	各国名胜古迹、古建筑、纪念地、故居、遗址等	K917 K938/978	KD00
4	中国地理知识	区域地理、地理志、专类地理、历史地理等	K921/928.6	KD00
5	中国名胜古迹	中国名胜古迹、古建筑、纪念地、故居、遗址等	K928.7/.8	KD00
6	旅 游	旅游地理、游记等	K919 K928.9 K939/979	KD00
7	世界地图	世界地图及各国地图	K991 P98 K993/997	KD00
8	中国地图	中国地图及各行政区划图、交通图、运输图等	K992 P98 F512.99 U	KD00
9	游览图	世界各国、中国各地区游览路线图	K992.9 K993/997	KD00
10	**地方文化**	有关当地历史、人物、风光名胜、政治、经济等的图书入此。如：申城文化（上海）、殷都文化（安阳）、建康文化（南京）等	K G 等跨类陈列	KD00
11	地理类系列书	地理类通用工具书、套装书、系列书等	K9 P9	KD00

2. 文化教育

序号	类 名	涵 盖 内 容	分类号（CIP 数据Ⅵ.）	架位号
1	**文化理论**	文化哲学、文化史、世界各国文化与文化事业等	G0/1	GW00

2	传　媒	信息理论与技术、传播理论、新闻事业、广播电视事业、记者、播音员等	G20/22	GW00
3	出版发行	出版工作理论、出版社、编辑、书店等	G23	GW00
4	文化事业	群众文化事业、文化馆、俱乐部、青少年宫、公园、图书馆、情报学、博物馆、档案事业等	G24/27	GW00
5	科学研究理论	科学学、科学发明、专利、科学研究工作、科学院、科学团体等	G3	GW00
6	文化类系列书	文化科学类通用工具书、套装书、系列书等	G0/3	GW00
1	**教育理论**	教育学、思想政治教育、德育、教学理论、电化教育、教育心理学、教师与学生、学校与家庭、学校与社会、教育行政、学校管理、学校建筑和设备的管理世界教育事业、中国教育事业、各国教育事业等	G40/57	GJ00
2	幼儿教育	学前教育、幼儿教育理论、幼儿园、幼儿教师、玩具、世界幼教事业等	G61	GJ00
3	初等教育	小学教育理论、教学法与教学组织、学校管理、世界初等教育事业等	G62	GJ00
4	小学练习	学生参考书、习题、试题与题解等	G624. 3/. 5	GJ00
5	小学作文	小学生作文选等	H194. 4	GJ00
6	小学阅读	小学生语文读物、新课标阅读等	H194. 4　I	GJ00
7	中等教育	中学教育理论、教学法与教学组织、学校管理、世界中等教育事业等	G63	GJ00

8	中学教辅	教学辅导材料	G634. 3/. 5	GJ00
9	中学作文	中学生作文选、写作方法等	H194. 5	GJ00
10	中学阅读	中学生语文读物、新课标阅读等	H194. 5　I	GJ00
11	高考资料	高考辅导资料、报考大学指南等	G63 等	GJ00
12	高等教育	高等教育理论、高校管理、科学研究、学位、世界高校教育史等	G64	GJ00
13	留学教育	留学培训、互派留学生、外国学校介绍、留学指南等	G648. 9　G649. 28 G53/57 有关类	GJ00
14	其他教育	师范、职业技术、成人、业余、少数民族教育、侨民教育、高教自考教育等	G65/77	GJ00
15	学习方法	自学、读书方法、治学方法等	G79	GJ00
16	学生用工具书	字词典、公式集等	G623　G633 等	GJ00
17	教育类系列书	教育类通用工具书、套装书、系列书等	G4/79	GJ00
1	**体育理论**	体育教育、奥林匹克运动会、运动场地与运动设备、体育运动技术（总论）等	G80/81	GT00
2	田径运动	竞走、跑、跳、投掷、全能运动、定向运动等	G82	GT00
3	体操运动	基本体操、健美操、竞技体操、技巧运动、艺术体操、运动辅助体操、团体操等	G83	GT00

4	球类运动	篮球、排球、足球、网球、乒乓球、羽毛球、棒球、高尔夫球、保龄球等	G84	GT00
5	水上运动	游泳、跳水、帆板、滑冰、滑雪等	G86	GT00
6	其他体育运动	射击、汽车摩托车自行车运动、军事体育、航海、航空运动、登山、马术、健美运动、击剑、拳击摔跤、射箭、铁人三项运动等	G87/88	GT00
7	武术理论	总论武术、对外武术交流等	G85	GT00
8	拳　术	太极拳、长拳、南拳、形意拳、少林拳、八卦掌、象形拳等	G852. 1	GT00
9	器械武术	刀、枪、剑、棍、软器械等	G852. 2	GT00
10	武术演练	武术对练、武术攻防、武术集体表演等	G852. 3/. 5	GT00
11	武术气功	硬气功、软气功等	G852. 6	GT00
12	民族形式体育	石担、石锁、中国式射箭、龙舟竞赛、各国民族形式体育等	G852. 9 G853/857	GT00
13	体育类系列书	体育类通用工具书、套装书、系列书等	G8	GT00
1	**语言学**	语言理论与方法论、语音学、文字学、词汇学等	H0　H0 - 0/04 H06　H09	H000
2	汉语言文字	汉语的规范化、现代汉语、文字学、词汇、语法、翻译等	H1/14　H159	H000
3	演讲与口才	朗诵法、演讲术、辩论术、说服方法、口才学等	H019　H119	H000

4	写作与修辞	写作学、修辞学、风格论、文体论、标点法、韵律学等	H05 H15	H000
5	成　语	熟语、成语、歇后语、俗语、外来语等	H033 H136. 3	H000
6	方　言	方言学、古代方言、各地方言等	H07 H17	H000
7	汉语教学	汉语教学改革、对外汉语教学等	H19	H000
8	汉语工具书	三种及三种以上语言对照的词典、字书、字典、词典、汉语字典、词典的编纂法等	H061 H16	H000
9	中国少数民族语言	中国少数民族语言总论、蒙古语、藏语、维吾尔语、苗语、彝语、壮语等	H2	H000
10	特种语言文字	速记、盲文、总论动作语言、手语、旗语等	H026 H126	H000
11	语言文字类系列书	语言文字类通用工具书、套装书、系列书等	H0/1	H000
12	英语学习	英语总论、英语发展史、语法、英语教学、习题等	H31/310. 1 H310. 9 H312/314 H317/319. 3 H319. 6	H000
13	英语考试	英语水平考试、英语等级考试、试题等	H310. 4	H000
14	实用英语	语音、朗诵法、演讲术、口语、会话教材、应用英语等	H311 H319. 9 等	H000
15	英语写作	写作、修辞、文章学、写作教学等	H315 H319. 36	H000

16	英语翻译	翻译学、翻译教学等	H059　H315.9	H000
17	英语读物	阅读教学、对照读物等	H319.37 H319.4	H000
18	英语原版书	进口原装英语读物		H000
19	英语辞典	英汉字典、词典等	H316	H000
20	法　语	法语学习考试、法汉字典、词典等	H32	H000
21	德　语	德语学习考试、德汉字典、词典等	H33	H000
22	西班牙语	西语学习考试、西汉字典、词典等	H34	H000
23	俄　语	俄语学习考试、俄汉字典、词典等	H35	H000
24	日　语	日语学习考试、日汉字典、词典等	H36	H000
25	阿拉伯语	阿语学习考试、阿汉字典、词典等	H37	H000
26	其他语言	汉藏语系、阿尔泰语系、南亚语系、南印语系、南岛语系、东北亚诸语言、高加索语系、乌拉尔语系、闪－含语系、印欧语系、非洲诸语言、美洲诸语言、大洋洲诸语言、世界语、国际语等	H4/9	H000
27	外语类系列书	外语类通用工具书、套装书、系列书等	H31/9	H000

3. 文学艺术

序号	类名	涵盖内容	分类号（CIP 数据Ⅵ.）	架位号
1	**文学理论**	文学的哲学基础、文艺美学、文学创作、文学史、文学评论等	I0/10　I200/209　I3/7 有关类	I000
2	世界文学作品	作品集	I11/199	I000
3	中国文学作品集	作品集、鲁迅作品及研究等	I21	I000
4	中国诗歌韵文	可以按写作文体类型或古代、近现代、当代设类名	I22	I000
5	中国戏剧文学	可以按写作文体类型或古代、近现代、当代设类名	I23 等	I000
6	中国小说	可以按写作文体类型或古代、近现代、当代设类名	I24	I000
7	中国纪实文学	报告文学、回忆录、企业史、村史、家史、通讯、特写、专题报道等	I25	I000
8	中国散文	散文、随笔、杂文、小品文、游记、书信、日记、杂著等，可以按年代设类名	I26	I000
9	中国民间文学	民间歌谣、民间故事、民间传说、寓言、神话、谚语、谜语、笑话、幽默、手机短信、网络语言、少数民族文学、宗教文学等，可以按写作文体或年代设类名	I27　I29	I000
10	外国文学名著	世界各国名著系列	I3/7 有关类	I000
11	外国文学	世界各国文学作品，可以按写作文体设类名	I3/7 有关类	I000

12	文学类系列书	文学类通用工具书、套装书、系列书等	I	I000
1	**艺术理论**	艺术的哲学基础、艺术美学、艺术评论、欣赏、世界艺术、专题艺术与现代边缘艺术等	J0/1	J000
2	绘画理论与技法	绘画理论、绘画技法、可按不同画种细分。如，油画、国画、素描速写等	J2/21	J000
3	绘画作品	可按不同国家或不同画种细分	J22/23	J000
4	书法理论和方法	书法理论、毛笔书法、书法材料、工具的使用与保管等	J292/292. 11 J292. 19	J000
5	其他书法	硬笔字、美术字、少数民族文字、拼音文字等的书法	J292. 12/. 15 J293	J000
6	碑帖书法作品	可按时代分	J292. 2/. 3	J000
7	篆刻治印及作品	篆刻法、历代印谱	J292. 4	J000
8	雕　塑	雕塑理论、雕塑创作方法、雕塑技法、中外雕塑作品集等	J3	J000
9	摄影技术	摄影理论、摄影机具与设备、各种摄影技术、数码摄影等	TB8 TP391. 41　中有关类	J000
10	摄影艺术	摄影艺术理论、各种摄影艺术等	J40/41	J000
11	摄影艺术作品	各国摄影艺术作品集等	J42/43	J000
12	工艺美术理论方法	工艺美术的哲学基础、图案设计、工艺美术史、各种工艺美术及作品集等	J5	J000

13	美术教学	美术教材、教学方法等	J0/5	J000
14	美术类系列书	美术类通用工具书、套装书、系列书等	J0/5	J000
15	音乐理论与方法	音乐的哲学基础、音乐评论、欣赏、音乐史、音乐技术理论与方法、音乐事业等	J60/61 J69	J000
16	西洋器乐理论与演奏法	西洋管乐理论和演奏法、西洋弓弦乐理论和演奏法、西洋弹拨乐理论和演奏法、西洋打击乐理论和演奏法、器乐合奏理论和演奏法、电子琴器乐理论和演奏法等	J62	J000
17	民族器乐理论和演奏法	吹奏乐理论与演奏法、弓弦乐理论和演奏法、弹拨乐理论和演奏法、打击乐理论和演奏法、民族器乐合奏理论和演奏法、地方音乐器乐合奏理论与演奏法、各国民族器乐、宗教器乐理论与演奏法等	J63	J000
18	中国音乐作品	歌曲、戏剧音乐、配乐音乐曲谱、曲艺音乐乐曲、舞蹈乐曲、器乐曲等	J64	J000
19	各国音乐作品	歌曲、戏剧乐曲、配乐音乐乐曲、说唱乐曲、舞蹈乐曲、器乐曲民族器乐曲、宗教音乐等	J65	J000
20	舞　蹈	舞蹈艺术的哲学基础、舞蹈美学、舞蹈评论、欣赏、舞蹈技术和方法、中国舞蹈舞剧、各国舞蹈舞剧、舞蹈事业等	J7	J000
21	戏剧、曲艺、杂技	戏剧艺术理论、舞台艺术、中国戏剧、曲艺、杂技艺术、各国戏剧、杂技艺术，戏剧、曲艺、杂技艺术事业等	J8	J000

22	电影、电视艺术	电影、电视艺术理论，电影、电视艺术与技术、各种电影、电视，幻灯，各国电影、电视事业等	J9	J000
23	艺术教学	艺术类教材、教学方法等	J6/9	J000
24	艺术类系列书	艺术类通用工具书、套装书、系列书等	J6/9	J000

4. 科学技术

序号	类　名	涵 盖 内 容	分类号（CIP 数据Ⅵ.）	架位号
1	**自然科学理论**	自然科学总论、自然科学理论与方法论、自然科学概况、现状、进展，自然科学机构、团体、会议，自然科学研究方法，自然科学丛书、文集、连续性出版物，自然科学工具书、非书资料、视听资料，自然科学调查、考察，自然研究、自然历史，非线性科学、系统科学等	N　N0/3 N5/94	N000
2	科学教育与普及	科学教育组织、学校，教材、课本，教学设备、普及读物等	N4	N000
3	数　学	古典数学、中国数学、初等数学、高等数学、计算数学、应用数学等	O1/2	N000
4	物理学	力学、物理学理论、声学、光学，电磁学、电动力学，分子物理学、原子物理学，原子核物理学、高能物理学，应用物理学等	O3/5	N000
5	化　学	无机化学、有机化学、高分子化学、几何晶体学、晶体化学、应用晶体学等	O6/7	N000

6	数理化系列书	数理化类通用工具书、套装书、系列书等	O	N000
7	天文学	天文观测设备与观测资料、天体物理学、空间天文学，时间、历法等	P1	N000
8	地球科学	测绘学、地球物理学、大气科学（气象学）、地质学、海洋学、自然地理学等	P2/7	N000
9	基础生物学	普通生物学、细胞生物学、遗传学、生理学、生物化学、生物物理学等	Q0/6	N000
10	分子生物学	生物大分子的结构和功能、生物膜的结构和功能等	Q7	N000
11	生物技术	生物工程学、仿生学、基因工程（遗传工程）、细胞工程、酶工程、生物工程应用等	Q81	N000
12	生物学	古生物学、微生物学、植物学、动物学、昆虫学等	Q91/96	N000
13	人类学	古人类学人种学、体质人类学、人体测量学、分子人类学、人类遗传学、人类生态学、应用人类学等	Q98	N000
14	生物学科普书	生物学知识普及读物	Q	N000
15	航空知识	航空、航天技术的研究与探索、航空基础理论及实验、飞机构造与设计、航空飞行术、航空运输等	V1/3　U8	N000
16	航天知识	宇宙航行、航天基础理论及实验，火箭、航天器构造、航天术、航天系统工程等	V4/5	N000

17	航空航天科普	航空航天通用工具书、普及类系列书等	V	N000
1	**预防医学卫生学**	医药、卫生一般理论，医学哲学、医学史、卫生基础科学，环境医学、环境卫生，流行病学与防疫，医用一般科学、人体生理学、病理学、医学免疫学、医学遗传学，医学心理学、病理心理学等	R0/1	R000
2	基础医学	医用一般科学、人体生理学、病理学、医学免疫学、医学遗传学，医学心理学、病理心理学等	R3	R000
3	中医理论	中医现代化研究、中西医结合，中医预防、卫生学，中医基础理论等	R2－0　R21/22	R000
4	中医临床	中医诊断学、中医治疗学、中草药治疗学、外功、中医康复学等	R24	R000
5	针灸按摩	推拿、按摩、捏积，拔罐疗法，刮痧、拧痧，割治、挑治，埋藏疗法，针灸学、针灸疗法、针灸疗法临床应用等	R244/246	R000
6	食物疗法	食养、食疗	R247. 1 等	R000
7	中医各科	中医内科学、中医外科学、中医妇产科学、中医儿科学、中医肿瘤科学、中医骨伤科学、中医皮肤科学与性病学、中医五官科学、中医其他学科、中医急症学等	R25/278	R000
8	中药学	本草、中药材，中药炮制、制剂，中药化学，中药药理学、中药品、各科用药、中药药事管理等	R28	R000
9	方剂学	方论、医方汇编、各代医方、方歌、验方与单方、外治方等	R289	R000

10	中国少数民族医学	蒙医、维医、藏医、藏药、苗医等	R29	R000
11	临床医学	临床诊治问题、诊断学、治疗学、护理学、临终关怀学、康复医学等	R4	R000
12	内科学	传染病、结核病、寄生虫病、人畜共患病，心脏、血管、（循环系）疾病，血液及淋巴系疾病、呼吸系统及胸部疾病、消化系及腹部疾病、内分泌腺疾病及代谢病、全身性疾病、地方病学等	R5	R000
13	外科学	外科病理学、解剖学，外科手术学、整形外科学、骨科学、泌尿科学等	R6	R000
14	妇幼健康	妇科学、妇科手术、产科学、临床优生学、助产学、产科手术、生殖健康与卫生、计划生育方法、妇幼卫生等	R71 R169　R17	R000
15	儿科学	儿科治疗学，新生儿、早产儿疾病，婴儿的营养障碍、小儿内科学、小儿外科学等	R72	R000
16	肿瘤学	心血管肿瘤、呼吸系肿瘤、消化系肿瘤、运动系肿瘤、耳鼻咽喉肿瘤等	R73	R000
17	神经病学与精神病学	神经病学、偏头痛、精神病学、精神分裂症等	R74	R000
18	皮肤病学与性病学	皮肤病学、麻风病、湿疹、牛皮癣、性病学、梅毒、淋病等	R75	R000
19	五官科	耳鼻咽喉外科学，耳科学、耳疾病，鼻科学、鼻疾病，咽科学、咽疾病，喉科学、喉疾病等	R76	R000
20	眼科学	眼科诊断学、眼的一般性疾病、眼压与青光眼等	R77	R000

21	口腔科学	口腔疾病的预防与口腔卫生、口腔病理学，口腔矫形学、牙科美学等	R78	R000
22	其他医学	外国民族医学、放射医学、军事医学、航海医学、航空航天医学、运动医学等	R79/8	R000
23	药　学	药物基础科学，药典、药方集（处方集）、药物鉴定，药剂学、药事管理、药品、毒物学（毒理学）等	R9	R000
24	医卫培训	医药卫生类教材、职称评定培训辅导资料等	R	R000
25	医卫系列书	医药卫生类通用工具书、普及类系列书等	R	R000
1	**农业基础科学**	广义农业总论、农业哲学、农业科学技术研究方法、农业史、农业化学、肥料学、土壤学、农业气象学、农业机械及农具、农田水利等	S　S1/2	S000
2	农艺学	作物生物学原理、栽培技术与方法，耕作学、田间管理，农产品收获、加工及储藏，农产品的综合利用、农产副业技术等	S3	S000
3	植物保护	植物检疫、气象灾害及其防御、病虫害及其防治、农药防治、植物保护机械等	S4	S000
4	农作物	禾谷类作物、豆类作物、薯类作物、野生植物等	S5	S000
5	经济作物	棉、麻类作物、藤类、大豆、花生、甘蔗、药用作物、银耳、人参、茶、烟草等	S56	S000

6	园艺理论	园艺理论与研究方法、园艺管理、苗圃学、设施园艺（保护地栽培）等	S60/62	S000
7	蔬菜瓜果	蔬菜园艺理论与方法论、萝卜、山药、大葱、大蒜、大白菜、芹菜、茄子、辣椒、南瓜、黄瓜、莲藕、蘑菇、西瓜、甜瓜等	S63/65	S000
8	果　树	果树园艺的理论与方法论、苹果、梨、桃、杏、葡萄、核桃、枣、柿子、柑橘类、荔枝、香蕉等	S66	S000
9	林　业	林业基础科学，造林学、林木育种及造林技术，绿化建设、森林保护学，森林工程、林业机械，森林树种等	S7	S000
10	养殖业	普通畜牧业、家畜、家禽、动物医学（兽医学），狩猎、野生动物驯养，畜禽产品的综合利用，蚕、桑，养蜂、益虫饲养等	S8	S000
11	水产渔业	水产基础科学，水产地区分布、水产志，水产资源、水产保护学、水产工程、水产养殖技术、水产捕捞，水产物运输、保鲜、贮藏、加工、包装等	S9	S000
12	农科培训	农林牧渔类教材、职称评定、许可证培训辅导资料等	S	S000
13	农民致富丛书	农林牧渔通用工具书、农民致富脱贫系列书等	S 等	S000
1	**工业技术理论**	工业技术方针、政策及其阐述，工业技术发展史，工业技术现状与发展等	T-0/-2	T000

2	工业技术专利与发明	工业技术专利、先进经验、创造发明等	T－18/－19	T000
3	工业手册	工程师手册、技术手册、产品目录、样本等	T－62/－63	T000
4	工业规程与标准	工业技术标准汇编，国际标准、国家按标准、部颁标准、地方标准、企业标准，规程、规范，各国标准等	T－65 “人大法”15	T000
5	一般工业技术理论	工程技术科学、工程设计与测绘、工业通用技术与设备、声学工程、制冷工程、真空技术、计量学等	TB	T000
6	工程材料	工程材料力学、工程材料试验与分析、材料结构及物理性质、非金属材料、复合材料、特种结构材料等	TB3	T000
7	产品设计	工程设计、工程测量、工程制图、工程模拟、产品设计、产品设计表现技法与模拟制作等	TB2　TB47	T000
8	产品包装	包装设计、包装材料、包装类型、包装机械设备、包装技术检测、各类产品包装、包装装潢技术等	TB48　TS09	T000
9	矿业工程	矿山地质与测量、矿山设计与建设、矿山压力与支护、矿山机械、矿山运输与设备、矿山电工、矿山安全与劳动保护、矿山开采、选矿、矿产资源的综合利用等	TD	T000
10	石油天然气工业	能源与节能，石油、天然气地质与勘探，钻井工程、油气田开发与开采、油气田建设工程、海上油气田勘探与开发，石油、天然气加工工业，石油、天然气储存与运输、石油机械设备与自动化等	TE	T000

11	冶金工业	冶金技术，冶金机械、冶金生产自动化，钢铁冶炼、炼铁、铁合金冶炼、炼钢、其他黑色金属冶炼、有色金属冶炼等	TF	T000
12	金属学与金属工艺	金属学与热处理、铸造、金属压力加工，焊接、金属切割及金属粘接、金属切割加工及机床，刀具、磨料、磨具、夹具、模具和手工具，公差与技术测量及机械量仪、钳工工艺与装配工艺等	TG	T000
13	机　械	机械学，机械设计、计算与制图，机械零件及传动装置、机械制造用材料、机械制造工艺、机械运行与维修、机械工厂（车间）、起重机械与运输机械、泵、气体压缩与输送机械、专用机械与设备等	TH　TH－3 TH11/6	T000
14	仪　表	仪表设计、计算与制图，计量仪器，坐标器、计算机具、计数器，光学仪器、天文仪器、地球科学仪器、医药卫生器械、力学量测量仪表、显示仪表、工业自动化仪表等	TH7/89	T000
15	能源与动力工程	热能、热力工程，内燃机、太阳能及其利用，水能、水力机械，风能、风力机械，氢能及其利用等	TK	T000
16	原子能技术	核燃料及其生产，各种核反应堆、核电厂，加速器，辐射防护、核爆炸、辐射源、放射性废物管理及综合利用、原子能技术的应用等	TL	T000
17	电工技术	电工基础理论、电工材料、电机、电器，发电、发电厂，输配电工程、电力网及电力系统，高电压技术，电气化、电能利用，电气测量技术及仪器等	TM	T000

18	电子技术	真空电子技术，光电技术、激光技术，光电子技术、激光技术，半导体技术，微电子学、集成电路（IC），电子元件、组件，基本电子电路，无线电设备、电信设备等	TN0/8	T000
19	电信技术	通信、无线通信、广播、电视、雷达、无线电导航、电子对抗（干扰及抗干扰）、无线电电子学的应用等	TN91/99	T000
20	电信培训	无线电广播、收音、电视机、手机等的知识与技术学习教材等资料	TN	T000
21	自动化技术	自动化基础理论、自动化技术及设备、射流技术（流控技术）、遥感技术、运动技术等	TP1/2　TP6/8	T000
22	化学工业理论与技术	基本无机化学工业、电化学工业、橡胶工业、化学纤维工业、粘胶剂工业、燃料化学工业（总论）、煤化学及煤的加工利用，爆炸物工业、火柴工业，颜料工业、涂料工业、其他化学工业等	TQ0/43 TQ51/63 TQ9	T000
23	化肥农药	化学肥料工业、农药工业等	TQ44/45	T000
24	制　药	制药化学工业	TQ46	T000
25	日用化工	油脂和蜡的化学加工工业、肥皂工业，香料及化妆品工业等	TQ64/65	T000
26	化工工具书	化学工业通用工具书、系列书等	TQ－6	T000
27	化工培训	化学工业技工培训、职称评定考试用书等	TQ	T000

28	轻工业 手工业	纺织工业、染整工业，食品工业、制盐工业、烟草工业、皮革工业，木材加工工业、家具制造工业，造纸工业、印刷工业、五金制品工业、工艺美术制品工业，服装工业、制鞋工业，其他轻工业、手工业等	TS0/95	T000
29	轻工工具书	轻工业手工业通用工具书、系列书等	TS	T000
30	轻工培训	轻工业手工业技工培训、职称评定考试用书等	TS	T000
31	建筑理论 与技术	建筑理论、建筑基础科学、建筑勘测、建筑设计、建筑结构，土力学、地基基础工程，建筑材料、建筑施工机械和设备、建筑施工、房屋建筑设备、地下建筑、高层建筑等	TU－0 TU1/97	T000
32	建筑艺术	建筑艺术理论，建筑风格、流派及作品评价，建筑艺术图集等	TU－8	T000
33	城乡规划与 市政工程	区域规划、城乡规划，市政工程等	TU98/99	T000
34	建筑工具书	建筑类通用工具书、系列书等	TU	T000
35	建筑培训考试	建筑技工培训、职称评定考试用书等	TU	T000
36	水利工程	水利工程基础科学、水资源调查与水利规划，水工勘测、水工设计，水工结构、水工材料、水利工程施工，水利枢纽、水工建筑物，水能利用、水电站工程，治河工程与防洪工程等	TV	T000
37	工业类系列书	工业类通用工具书、系列书等	T	T000

1	**计算机理论**	计算机文化、计算机心理学、计算机一般性问题、设计与性能分析，总体结构、系统结构，制造、装配、安装等	TP－05　TP30	TP00
2	计算机维修	计算机调整、测试、校验、检修、维护，机房等	TP306/307	TP00
3	计算机安全	计算机设备安全、数据安全、数据备份与恢复、计算机病毒与防治（手机病毒）、加密与解密等	TP309	TP00
4	计算机软件知识	程序设计、数据库、软件工程，程序语言、算法语言，汇编语言、汇编程序，编译程序、解释程序，管理程序、管理系统，操作系统、专用软件、应用软件等	TP31	TP00
5	多媒体	多媒体操作系统、多媒体技术与多媒体计算机等	TP316. 5　TP37	TP00
6	计算机硬件	一般计算机与计算机、电子数字计算机、电子模拟计算机、混合电子计算机、微型计算机、其他计算机等	TP32/36　TP38	TP00
7	计算机应用知识	信息处理、各种专用数据库、在其他方面的应用等	TP39	TP00
8	计算机网络	计算机网络理论、计算机网络结构与设计、计算机网络管理、计算机网络安全、计算机网络应用，网站、网页、网络浏览器、网站建设与管理、网页设计与制作、各种计算机网等	TP393	TP00
9	国际互联网	国际互联网、互联网理论、互联网组织等	TP393. 4	TP00

10	计算机培训与考级	计算机知识教育、普及读物、技工培训、考级培训等	TP393. 4 - 4	TP00
11	计算机系列书	计算机类通用工具书、系列书等	TP3	TP00
1	**综合运输**	综合运输体制与结构、城市交通运输、乡村交通运输、长途运输、联运、特种货物运输、集装箱运输、管道运输、索道运输等	U1	U000
2	铁路运输	铁路线路工程、电气化铁路、特种铁路，机车工程、车辆工程，铁路通信、信号，铁路运输管理工程等	U2	U000
3	公路建设与管理	道路工程、桥涵工程、隧道工程、汽车工程交通运输与公路运输技术管理等	U41/45 U49	U000
4	汽车工程	汽车理论、整车设计与计算、汽车结构部件、汽车发动机、汽车材料、汽车制造工艺、汽车实验、汽车制造厂、各种汽车等	U46	U000
5	汽车驾驶	交通规则、汽车一般保养与驾驶、汽车使用、轮胎消耗、驾驶员训练等	U471	U000
6	汽车修理	汽车保养与修理，汽车用燃料、润滑剂，加油站及其设备，电车、摩托车、自行车（电动自行车）、缆车等知识	U472/473 U48	U000
7	水路运输	航道工程、通航建筑物与助航设备、港口工程、船舶工程、水路运输技术管理等	U6	U000
8	运输类系列书	交通运输类通用工具书、系列书等	U	U000

1	**环境科学知识**	环境保护政策及其阐述、环境科学技术现状与发展，环境保护组织、机构、会议，环境保护宣传及普及、环境保护标准、环境科学基础理论、社会与环境、环境与发展等	X－0/－6 X1/2	X000
2	环境治理	环境规划与环境管理、自然保护区划及其管理、自然灾害及其防治、人为灾害及其防治、环境污染及其防治，行业污染、废物处理与综合利用，环境质量评价与环境监测等	X3/8	X000
3	安全科学知识	安全科学参考工具书、安全科学基础理论、安全管理、安全教育学、事故调查与分析等	X9/92	X000
4	安全工程	安全规程、工业安全，爆炸安全与防火、防爆，劳动卫生工程、工业通风等	X93/96	X000
5	环保与安全系列书	环保与安全类通用工具书、系列书等	X	X000

5. 少儿读物

序号	类　名	涵 盖 内 容	分类号（CIP 数据Ⅵ.）	架位号
1	**识图学说话**	语言、说话	G613. 2	G100
2	童谣儿歌	童谣、儿歌	G613. 3	G100
3	看图学识数	识数、计数	G613. 4	G100

4	跟妈妈听音乐	听曲、看舞	G613. 5	G100
5	跟妈妈学画画	画画、动手	G613. 6	G100
6	跟妈妈做游戏	积木、游戏	G613. 7	G100
1	**语言识字**	语言、识字	G613. 2	G200
2	常识故事	常识、故事	G613. 3	G200
3	算术计算	算术、计算	G613. 4	G200
4	音乐舞蹈	音乐、舞蹈	G613. 5	G200
5	绘画书法	绘画、书法	G613. 6	G200
6	体育游戏	体育、游戏	G613. 7	G200
7	玩具教具	玩具、教具	G614	G200
8	幼儿外语	幼儿外语教学	H3/7 G623. 3	G200
9	幼儿系列丛书	幼儿版系列丛书	G H I 等	G200
1	**儿童文学**	诗歌、童谣、戏剧、歌舞剧、曲艺、小说、故事、报告文学、散文、童话、寓言、图画故事等	I18 I28	G300
2	中国文学名著	儿童版中国文学名著	I24	G300

3	外国文学名著	儿童版世界及各国文学名著	I14　I3/7	G300
4	中外诗歌	儿童版世界及各国诗歌集	I12　I22　I3/7	G300
5	中外散文	儿童版世界及各国散文集	I16　I26　I3/7	G300
6	历史读物	儿童版世界及各国历史读物	K1/8	G300
7	百科知识	儿童版百科知识	Z2/3	G300
8	注音读物	标注汉语拼音的读物	H125.4	G300
9	儿童画册	小学生图片、卡通、动画、漫画等绘本读物	J229 “人大法”8	G300
10	儿童文体	小学生课余绘画、书法、音乐、舞蹈、体育、游戏、手工等	J2/9　G8	G300
11	儿童时代	反映小学生校园生活的文学作品	I1/7	G300
12	小学生 系列丛书	儿童版系列丛书	G　H　I等	G300
1	**中国文学名著**	中学生版中国文学名著	I24	G400
2	外国文学名著	中学生版世界及各国文学名著	I14I3/7	G400
3	中外诗歌	中学生版中国及世界各国诗歌	I12 I22　I3/7	G400
4	中外散文	中学生版中国及世界各国散文	I16 I26　I3/7	G400

5	历史知识	中学生版中国及世界各国 历史知识读物	K1/8	G400
6	百科探秘	中学生版中国及 世界各国百科探秘	Z2/3	G400
7	画　册	图片、卡通、连环画、 漫画等绘本读物	J229 “人大法”8	G400
8	中学生文体	中学生课余绘画、书法、 音乐、舞蹈等	J2/9　G8	G400
9	青春之歌	反映中学生校园生活的图书	I1/7	G400
10	中学生 系列丛书	少儿版系列丛书	G　H　I 等	G400

6. 生活服务

序号	类　名	涵 盖 内 容	分类号 （CIP 数据Ⅵ.）	架位号
1	**饮食文化**	美食学、茶文化与茶艺、 酒文化与酒艺、咖啡文化等	TS971	TY00
2	烹饪法	烹饪技术，原料、辅料及加工， 调味原料及调味法、中餐烹饪法、 西餐烹饪法等	TS972. 11	TY00
3	菜　谱	各类菜烹饪法及菜谱，冷菜、凉菜，甜菜、汤、煲、羹，素菜、荤菜，海鲜类、河鲜类，家常菜、宴会菜，按各种烹饪法编制的菜谱，砂锅、火锅、汽锅菜，电烤箱菜、烧烤菜，微波炉菜等	TS972. 12	TY00
4	主　食	主食类制作与食谱、米食、 面食、油炸食品、甜食、粥类等	TS972. 13	TY00

5	各地食谱、菜谱	风味小吃制作与食谱、中国风味小吃、各国风味小吃、西式小吃，世界各国食谱、菜谱，中国各地食谱、菜谱，中国少数民族食谱、菜谱等	TS972.14 TS972.18	TY00
6	快　餐	自助餐、快餐制作与食谱，午餐盒饭、麦当劳快餐、肯德基快餐、三明治、热狗、汉堡包、家庭快餐等	TS972.15	TY00
7	各种用途的食谱、菜谱	保健食谱、菜谱，儿童食谱、菜谱，老年人食谱、菜谱，妇女食谱、菜谱，运动员食谱、菜谱，机关团体、旅行、户外食谱、菜谱，宗教食谱、菜谱等	TS972.16	TY00
8	清真食品	清真食谱、菜谱，宫廷食谱、菜谱等	TS972.17	TY00
9	西　餐	西餐食谱、菜谱，调酒技术、鸡尾酒、配制酒等	TS972.188 TS972.19	TY00
10	厨房餐厅	炊事工具与机械、饮食用具、厨房及设备、炊事业技术管理、餐厅管理、厨师、餐饮服务人员、炊事卫生管理等	TS972.21/.23 TS972.26 TS972.3	TY00
11	营养卫生	营养学、各类人群的营养，食物的调配、烹饪、运输、保藏与营养，饮食卫生与食品检查，餐饮人员的卫生，食物保存技术与设备等	R151/155 TS972.24	TY00
12	饮食类丛书	饮食类通用工具书、系列书、丛书等	TS971/972 等	TY00
1	**洗染缝补**	家庭洗涤，储藏、打理，缝补、翻新等	TS973.1/.3	TG00

2	穿着打扮	衣物的选择、搭配等	TS973.4	TG00
3	室内小陈设	室内小陈设、装饰品，小手工艺品的手工制作，布艺制品，编结、串制品，金属材料制品、纸料制品等	TS973.5	TG00
4	美容美发	美容、美体，护肤、化妆，美甲、理发、美发、发型设计与制作、烫发、染发、假发等	TS974.1/.2	TG00
5	个人卫生	沐浴，儿童、少年卫生，青年卫生、中年卫生、生活制度与卫生、戒烟、戒酒、戒毒、文体生活卫生、身体清洁卫生、性卫生、个人卫生防护用品使用等	TS974.3 R161.5/.6 R163/168 R179	TG00
6	宠　物	家庭宠物、宠物饲养、动物医学、动物心理、宠物的社会学问题、电子宠物等	B843.2 S82/85 与 Q95 有关类 S815 TS958.2+89 TS976.38	TG00
7	鸟虫鱼	可驯化的各种鸟类、蟋蟀、金鱼、乌龟等	Q96 Q959.7 S965.8	TG00
8	花卉盆景	花卉及观赏树木、牵牛花、菊花、君子兰、水仙、郁金香、仙人掌、牡丹、茉莉、梅花、盆景和椿景、花卉装饰等	S68	TG00
9	钓　鱼	钓鱼活动、竿钓鱼法、漂浮钓鱼法、冰下钓鱼法等	G897 S973.3	TG00
10	健身活动	一般健身法，健身法、健脑法、体育健身活动、健身房活动、广场舞、健身操等	R161 G883 与 G831.3 中有关各类 G896	TG00

11	棋牌乐	国际象棋、中国象棋、围棋、扑克、麻将等	G891/892	TG00
12	文体活动	康乐球、台球、狩猎、活动性游戏、智力游戏、电子游戏、信鸽、斗鸡、斗蟋蟀、赛狗、户外徒步活动、野营、拓展训练、自行车游、自驾游等	G893 G895 G898/899	TG00
13	收藏与鉴赏	个人兴趣、家庭收藏，藏品的采集、征集、鉴定，文物复制，藏品的整理和保管、私人收藏博物馆，古迹鉴定知识等	G262/265 G268. 8 K854. 2	TG00
14	养生保健	老年卫生、长寿法，医疗体育、养生、气功健身、心理卫生、职业心理学、食养、食疗，消渴食疗法、保健食谱、菜谱等	R131 R212 R161. 7 R214 R455 R247. 1 R255. 405 R395. 6 TS972. 161	TG00
15	个人生活大全	个人生活类通用工具书、系列书、丛书等	TS97 Z2/3 等	TG00
1	**居住管理**	住宅及居室的陈设、布置、美化、管理、安全、保洁，住宅选择等	TS975 TU8 F719 TU241 J525. 1 B834. 2 X956 有关类	TJ00
2	家　具	家具图谱、木家具、竹家具、金属家具、各国家具民族家具等	J525. 3 TS664	TJ00
3	家宅装潢	建筑装饰、民用建筑户型设计、装潢等	TU238. 2 TU241	TJ00
4	家务管理	家庭管理、勤俭持家、家庭理财、家庭簿记，家庭保姆、钟点工、搬家等家政服务	TS976. 1 TS976. 7	TJ00

5	婚恋家庭问题研究	夫妻生活，女性、男性、个人生活，中年、老年人生活及心理学，婚姻、丧葬民俗，恋爱、家庭、婚姻等社会问题研究	TS976. 32/. 34 B844. 3/. 6 K892. 22 C913. 1 D669. 1	TJ00
6	婚恋家庭道德规范	家庭道德、婚姻道德、恋爱道德、性道德、生育道德等	B823	TJ00
7	家庭育儿与教育	胎儿、新生儿心理学，幼儿心理学、智力超常儿童心理学、变态儿童心理学，适合家长看的学前教育、幼儿教育理论与方法、儿科医学知识，生育、诞辰民俗，成人礼，家庭健康教育等	TS976. 31 B844. 1 G61　G78 R17　R72 K892. 21 R169 中有关内容	TJ00
8	历　书	计年法、季节、时令、历法、历书、万年历、历书对照表、天文年历等	P19	TJ00
9	家用电器	家用电器及其他电器设备，空气调节用电器、冷藏用电器、清洁卫生用电器、整容保健用电器、厨房用电器、电炊具，取暖电器、视听娱乐用电器，无线电设备、电信设备，电视接收机的维修，电器元件、组件，基本电子电路，录像系统、放像系统，家庭用具与配备，家庭自动化，誊印机具等	TM925　TN8 TN949. 7 TN6/7 TN946 TS976. 8/. 9 TS951. 4	TJ00
10	家庭生活大全	有关家庭生活知识的综合性读物、婚介、婚庆、丧葬、殡仪、摄影冲印等服务技术	TS976. 3 TS976. 39 TS979	TJ00
11	生活类系列书	家庭生活类通用工具书、系列书、丛书等	TS97 Z2/3 等	TJ00

7. 综合性知识

序号	类　名	涵 盖 内 容	分类号（CIP 数据Ⅵ.）	架位号
1	丛　书	普通丛书、地方丛书、族姓丛书、自著丛书、辑佚丛书、旧经典、各国丛书等	Z1	Z000
2	百科全书辞典	中国百科全书、类书，综合性普及读物、各国百科全书，综合性词典等	Z2/3	Z000
3	论文集	综合性及中国、各国论文集、全集、选集、杂著等	Z4	Z000
4	年鉴期刊文摘	年鉴、年刊，期刊、连续性出版物，各类图书报刊目录、文摘、索引等	Z5/8	Z000

8. 课本教材

序号	类　名	涵 盖 内 容	分类号（CIP 数据Ⅵ.）	架位号
1	小学课本	可按学科或年级细分	G624. 1/. 2	KJ00
2	中学教材	可按学科或年级细分	G634. 1/. 2	KJ00
3	职教教材	可按专业或学科细分	G634. 1/. 2 及有关学科各类	KJ00
4	高校教材	可按专业或学科细分	有关学科各类	KJ00

9. 其他出版物

序号	类 名	涵 盖 内 容	分类号（CIP 数据Ⅵ.）	架位号
1	图 片	各类挂图、张贴画等	“人大法” 1/17	QT00
2	年历（画）	挂历、台历、日历、年历画、年画等，也可按品种或出版社细分	“人大法” 8 13	QT00

四、中型综合书店图书营销分类表

（适用于卖场面积7000平方米的书店使用）

1. 哲学社科

序号	类　名	涵盖内容	分类号（CIP数据Ⅵ.）	架位号
1	**马恩列斯著作**	马克思、恩格斯、列宁、斯大林著作	A1/3	A000
2	领袖著作	毛泽东、邓小平、江泽民、胡锦涛、习近平选集、文集、语录、选编、汇编等	A4/5 D2－0	A000
3	生平与传记	领袖与党和国家领导人的传记、生平事迹等	A7/8　K827	A000
4	学习和研究	领袖思想学习和研究文集、专题汇编等	A8　D0－0 D2－0 D610.0/.3等	A000
5	马列系列书	领袖著作、传记、研究等系列图书	A　D2－0 K827等	A000
1	**马克思主义哲学**	哲学基础理论、学习与普及、基本问题、辩证唯物主义与历史唯物主义等	B　B－4 B0	B000
2	世界哲学	各洲、各国哲学	B1　B3/7	B000
3	中国哲学思想	中国哲学史、思想史、周易、儒家等其他传统哲学	B2	B000

4	思维逻辑	思维规律、思维方式、 辩证逻辑、形式逻辑等	B80/81	B000
5	伦理道德	伦理学理论与方法论、伦理学史、 国家道德、社会公德等	B82－0 B822　B824 B829	B000
6	人生哲学	人生观、修身、处事、劝善、 个人修养、格言、名言警句等	B821　B825 B825. 1　H033. 3 H136. 33	B000
7	美　学	美学理论、美学与现实社会生活	B83	B000
8	心理学理论	心理学研究方法、生理心理学， 神经类型与气质、性格等	B84－0 B841/846 B848. 1/. 3 B848. 5/. 9	B000
9	励　志	成功与失败心理等	B848. 4	B000
10	应用心理学	心理咨询与心理辅导等	B849	B000
11	宗　教	宗教理论与概况、宗教史、佛教、 道教、伊斯兰教、基督教、其他 宗教、术数等	B9	B000
12	哲学宗教类 系列书	各类哲学、宗教系列图书	B	B000
1	**社科理论**	社科丛书、工具书，非书资料、 视听资料，社会结构与社会关系、 社会舆论、社会行为、社会调查、 社会管理，青少年、中老年妇女、 残疾人问题等	C0/79〔C7〕 C91－0　C912 C914/916 C913 . 3/. 9 D669. 3/. 9	C000
2	公共关系	社会关系、公共关系学等	C912. 3	C000
3	职业选择	大学生就业、择业， 个人简历、自荐信写作等	C913. 2 D669. 2 等	C000

4	人口与统计	人口学、人口统计，统计学方法、统计资料等	C8　C92	C000
5	领导科学	管理技术与方法、咨询学，办公室组织与管理、办公自动化、文秘工作，领导方法与艺术、决策学、应用管理，人才管理、劳动管理等	C93－0 C931/932 C931.4 C933/939 C96/97	C000
6	民族文化人类学	民族学、文化人类学、中国少数民族语言，民族工作、民族问题、民族史志地理等	C95　H2 D5/7　K89 K28 和 K1/7 中有关各类	C000
1	**政治理论**	政治学、政治学史，各国共产党、世界政治、各国政治等	D0　D33/37 D5　D73/77	D000
2	党的知识	国际共运、党的建设、党史，工人、农民、青年、妇女运动与组织等	D1/2　D4	D000
3	中国政治	政策、政论、政治制度、行政管理、政治运动、地方政治，政府管理信息化、公务员、民政工作，地方行政管理、一国两制，中国政治制度史、选举制度、人事制度、社会生活，监察、监督、公安工作、户籍管理、交通管理、出入境管理、消防工作、看守所、收审所管理等	D60/63 D65/667	D000
4	精神文明	思想政治教育、精神文明建设、爱国主义教育等	D64	D000
5	外交国际关系	外交政策、国际问题、中国外交史等	D8	D000
6	政治类系列书	政治类系列读本、套装书等	D0/8	D000
7	公务员考试	有关政务考试的大纲、复习资料等	D630.3　C975 G726	D000

1	**法　学**	法律理论、法哲学，国家法、宪法、民法典、刑法、诉讼法等	D90 D910/915 D921/925	DF00
2	司　法	司法行政、司法监督，犯罪学、刑事侦查学，法医基础科学、法医鉴定学等	D916/919 D926	DF00
3	中国法制	理论学习、研究，中国法制史、地方法制，司法教育通俗读物等	D927/929 D926.15	DF00
4	中国法律文本	法律汇编、单行本，法的讲解、问答、案例、说明、权益保护等	D920.9 D921/925 D911.05 D920.5	DF00
5	律师与公证	律师制度、公证制度等	D916.5/.6 D926.5/.6	DF00
6	国际法	各国法律、国际法理论、国际民事诉讼法等	D93/97 D910.9　D99	DF00
7	司法考试	司法人员培训、律师考试辅导等	D926.17	DF00
8	法律工具书	法律类通用词典、法律大全，法律类系列读本、套装书等	D9	DF00
1	**军事理论**	军事哲学、军事分支学科、军事思想史，世界军事制度、军事科研组织与活动、军事史等	E0/1 E3/7	E000
2	中国军事	军事理论、政治工作、国防建设与战备、军事史，战略学、战役学、战术学、军事情报与军事侦察，军事技术基础科学、军事指挥信息系统、军事工程、军事地形学、军事地理学等	E2　E8 E91　E94/99	E000
3	古代兵法战法	中国历代兵法、世界各国古代兵法等	E89	E000

4	兵器大观	武器、军用器材、武器工业、武器工业经济等	E920/939　TJ　F407. 48	E000
5	中外战争纪实	战争、战役等军事体裁的报告文学、纪实文学、剧本、摄影集等	I253. 2　I15　J 和 I3/7 中有关类	E000
6	军事类丛书	军事、战争类系列读本、套装书等	E 等	E000
1	**世界经济**	国际经济关系、经济全球化、国际经济组织与会议、世界经济史，经济学基本理论、生产方式、经济思想史等	F0　F11　F13/17	F000
2	中国经济	经济发展道路与模式、产业结构、中国经济史，国民经济管理、经济计划与规划、经济计算、经济数学方法、基本建设经济、城市经济等	F12　F20/22　F28/293. 27	F000
3	会计财务	会计学、会计核算工作自动化、各部门会计和薄记，审计学、审计方法与技术等	F230/235　F239	F000
4	人力资源	劳动力与人力资源、企业人力资源管理等	F24　F272. 92　F406. 15	F000
5	企业经济	产业经济、企业经济、工业经济等	F26/27　F4	F000
6	房产物业	房地产市场、中介、物业管理等	F293. 3	F000
7	农业经济	农业经济理论、农业部门经济、世界农业经济、农业经济史等	F3	F000
8	信息与物流	信息产业经济、物流经济、第三方物流与企业、世界物流经济等	F49/5　F25	F000

9	旅游经济	旅游经济理论与方法、旅游企业、旅游市场与开发、世界旅游业等	F59	F000
10	邮政通信	通信经济理论、邮政快递、电信、世界通信业史等	F6	F000
11	贸易经济	商品流通与市场、商业企业、中介服务、国内外贸易经济、贸易史等	F7	F000
12	广告业	广告策划与制作、广告企业与管理等	F713. 8	F000
13	财政金融	财政理论、货币、金融、银行、信贷、股票证券、财政金融史等	F8	F000
14	保险业	保险理论、保险组织和管理、保险业务、保险业史等	F84	F000
15	经济类 考试用书	注册会计师、MBA、物流师等	F	F000
16	经济类系列书	经济类通用工具书、系列书等	F	F000
1	**世界史**	世界通史、上古史、古代史、各国史，总论历史兼论地理、史学的哲学基础、史学史等	K　K0/1 K3/7	K000
2	中国史	通史、革命史、文化史，历史事件、公牍、档案、汉学、年表，各类中国历史通俗读物等	K20/203 K205/209	K000
3	中国史籍	纪传体史书合刻、纪传、编年、记事本末、杂史、史钞等	K204	K000
4	中国各代史 地方史志	上古史、古代史早期，方志学、各省、区史志等	K21/27 K29	K000
5	世界人物传记	传记研究与编写、世界及各国人物传记	K810/811 K833/837	K000

6	中国人物传记	中国各代、各界人物传记	K82	K000
7	姓氏寻根	谱系学、世界各国氏族谱系、人名辞典、姓氏词典等	K810. 2 K811 - 61 K819 K82 - 61 K820. 9	K000
8	文物考古	考古学、考古方法与技术、中外文物考古等	K85	K000
9	风俗习惯	民俗学、世界各国风俗习惯，中国节日、节令、各种民俗专志等	K890 K892/897	K000
10	社交礼仪	礼仪、礼节民俗、古代礼制、社交礼仪、外交礼节等	K892. 26 K892. 9 C912. 12 D802. 2	K000
11	历史类系列书	历史类通用工具书、套装书、系列书等	K K0/89	K000
1	**地理学**	地理学史、文化地理学、自然地理学等	K9/90 P90/97	KD00
2	世界地理与名胜古迹	世界政治区划、历史地理、专类地理、各国地理，各国名胜古迹、古建筑、纪念地、故居、遗址等	K912/918 K931/936 K938/978 K971/976	KD00
3	中国地理与名胜古迹	中国区域地理、地理志、专类地理、历史地理，各地名胜古迹、古建筑、纪念地、故居、遗址等	K921/928. 8	KD00
4	旅　游	旅游地理、游记等	K919 K928. 9 K939/979	KD00
5	地　图	世界地图及各国地图，中国地图及各行政区划图、交通图、运输图，世界各国、中国各地区游路线图等	P98 K991/997 F512. 99 U	KD00

6	**地方文化**	有关当地历史、人物、风光名胜、政治、经济等的图书入此。如：申城文化（上海）、殷都文化（安阳）、建康文化（南京）等	K G 等跨类陈列	KD00
7	地理类系列书	地理类通用工具书、套装书、系列书等	K9 P9	KD00

2. 文化教育

序号	类 名	涵 盖 内 容	分类号 （CIP 数据Ⅵ.）	架位号
1	**文化理论**	文化哲学、文化史、世界各国文化与文化事业，群众文化事业、文化馆、俱乐部、青少年宫、公园、图书馆、情报学、博物馆、档案事业等	G0/1 G24/27	GW00
2	传 媒	信息理论与技术、传播理论、新闻事业、广播电视事业、记者、播音员等	G20/22	GW00
3	出版发行	出版工作理论、出版社、编辑、书店等	G23	GW00
4	文化类系列书	文化类通用工具书、套装书、系列书等	G0/2	GW00
1	**教育理论**	教育学、思想政治教育、德育、教学理论、电化教育、教育心理学、教师与学生、学校与家庭、学校与社会、教育行政、学校管理、学校建筑和设备的管理世界教育事业、中国教育事业、各国教育事业等	G40/57	GJ00
2	幼儿教育	学前教育、幼儿教育理论、幼儿园、幼儿教师、玩具、世界幼教事业等	G61	GJ00

3	基础教育	小学教育理论、教学法与教学组织、学校管理、世界初等教育事业，中学教育理论、教学法与教学组织、学校管理、世界中等教育事业等	G62/63	GJ00
4	小学练习	学生参考书、习题、试题与题解等	G624. 3/. 5	GJ00
5	小学作文	小学生作文选等	H194. 4	GJ00
6	小学阅读	小学生语文读物、新课标阅读等	H194. 4　I	GJ00
7	中学教辅	教学辅导材料	G634. 3/. 5	GJ00
8	中学作文	中学生作文选、写作方法等	H194. 5	GJ00
9	中学阅读	中学生语文读物、新课标阅读等	H194. 5　I	GJ00
10	高考资料	高考辅导资料、报考大学指南等	G63 等	GJ00
11	高等教育	高等教育理论、高校管理、科学研究、学位、世界高校教育史，留学培训、互派留学生、外国学校介绍、留学指南等	G64 G648. 9 G649. 28 G53/57 有关类	GJ00
12	其他教育	师范、职业技术、成人、业余、少数民族教育、侨民教育、高教自考教育等	G65/77	GJ00
13	学生用工具书	字词典、公式集等	G623　G633 等	GJ00
14	教育类系列书	教育类通用工具书、套装书、系列书等	G4/79	GJ00

1	**体育理论**	体育教育、奥林匹克运动会、运动场地与运动设备、体育运动技术（总论）等	G80/81	GT00
2	体育运动	田径、体操、球类、水上、其他运动	G82/84 G86/88	GT00
3	武　术	总论武术、对外武术交流、拳术、器械武术、武术演练、武术气功、民族形式体育等	G85	GT00
4	体育类系列书	体育类通用工具书、套装书、系列书等	G8	GT00
1	**语言学**	语言理论与方法论、语音学、文字学、词汇学，汉语的规范化、现代汉语、文字学、词汇、语法、翻译，汉语教学改革、对外汉语教学等	H0　H0－0/04 H06　H09 H1/14　H159 H19	H000
2	演讲与口才	朗诵法、演讲术、辩论术、说服方法、口才学等	H019　H119	H000
3	读书与写作	学习方法、读书方法、治学方法，写作学、修辞学、风格论、文体论、标点法、韵律学等	G79 H05　H15	H000
4	汉语工具书	三种及三种以上语言对照的词典，字书、字典、词典、汉语字典、词典的编纂法，熟语、成语、歇后语、俗语、外来语等知识及词典	H033　H136.3 H061　H16	H000
5	方言与特种语言文字	方言学、古代方言、各地方言，速记、盲文、总论动作语言、手语、旗语等	H07　H17 H026　H126	H000
6	语言文字类系列书	语言文字类通用工具书、套装书、系列书等	H0/1	H000

7	英语学习	英语总论、英语发展史、语法、英语教学、习题等	H31/310.1 H310.9 H312/314 H317/319.3 H319.6	H000
8	英语考试	英语水平考试、英语等级考试、试题等	H310.4	H000
9	实用英语	英语语音、朗诵法、演讲术、口语、会话教材、应用英语等	H311 H319.9 等	H000
10	英语写作与翻译	英语写作、修辞、文章学、写作教学，翻译学、英语翻译教学等	H315 H319.36 H059　H315.9	H000
11	英语读物与原版书	阅读教学、对照读物，进口原装英语读物	H319.37 H319.4	H000
12	英语辞典	英汉字典、词典等	H316	H000
13	其他外语与语言	其他外语学习考试、法汉字典、词典，汉藏语系等，世界语、国际语	H32/37 H4/9	H000
14	外语类系列书	外语类通用工具书、套装书、系列书等	H31/9	H000

5. 文学艺术

序号	类　名	涵 盖 内 容	分类号（CIP 数据Ⅵ.）	架位号
1	**文学理论**	文学的哲学基础、文艺美学、文学创作、文学史、文学评论等	I0/10　I200/209 I3/7 有关类	I000
2	中国文学作品集	作品集、鲁迅作品及研究等	I21	I000

3	中国诗歌韵文	可以按写作文体类型或古代、近现代、当代设类名	I22	I000
4	中国戏剧文学	可以按写作文体类型设类名	I23 等	I000
5	中国小说	可以按写作文体类型或古代、近现代、当代设类名	I24	I000
6	中国纪实文学	报告文学、回忆录、企业史、村史、家史、通讯、特写、专题报道等	I25	I000
7	中国散文	散文、随笔、杂文、小品文、游记、书信、日记、杂著等	I26	I000
8	中国民间文学	民间歌谣、民间故事、民间传说、寓言、神话、谚语、谜语、笑话、幽默、手机短信、网络语言、少数民族文学、宗教文学等，可以按写作文体或年代设类名	I27　I29	I000
9	外国文学	世界文学作品集，各国名著系列，世界各国文学作品，可以按写作文体设类名	I11/199 I3/7 有关类	I000
10	文学类系列书	文学类通用工具书、套装书、系列书等	I	I000
1	**艺术理论**	艺术的哲学基础、艺术美学、艺术评论、欣赏、世界艺术、专题艺术与现代边缘艺术等	J0/1	J000
2	绘画与雕塑	绘画理论、绘画技法、可按不同画种细分，绘画作品，雕塑理论、创作方法、技法、雕塑作品等	J2/23 J3	J000
3	书法与篆刻	书法理论、毛笔书法、书法材料、工具的使用与保管，硬笔字、美术字、少数民族文字、拼音文字等的书法，碑帖书法作品，篆刻治印及作品	J292/293	J000

4	摄　影	摄影理论、摄影机具与设备、各种摄影技术、数码摄影，摄影艺术理论、各种摄影艺术，各国摄影艺术作品集等	TB8　TP391.41 中有关类　J4	J000
5	工艺美术	工艺美术的哲学基础、图案设计、工艺美术史、各种工艺美术及作品集等	J5	J000
6	美术教学及系列书	美术教材、教学方法，美术类通用工具书、套装书、系列书等	J0/5	J000
7	音乐理论与方法	音乐的哲学基础、音乐评论、欣赏、音乐史、音乐技术理论与方法、音乐事业等	J60/61 J69	J000
8	西洋器乐理论与演奏法	西洋管乐理论和演奏法、西洋弓弦乐理论和演奏法、西洋弹拨乐理论和演奏法、西洋打击乐理论和演奏法、器乐合奏理论和演奏法、电子琴器乐理论和演奏法等	J62	J000
9	民族器乐理论和演奏法	吹奏乐理论与演奏法、弓弦乐理论和演奏法、弹拨乐理论和演奏法、打击乐理论和演奏法、民族器乐合奏理论和演奏法、地方音乐器乐合奏理论与演奏法、各国民族器乐、宗教器乐理论与演奏法等	J63	J000
10	音乐作品	歌曲、戏剧乐曲、配乐音乐乐曲、说唱乐曲、曲艺音乐乐曲、舞蹈乐曲、器乐曲民族器乐曲、宗教音乐等	J64/65	J000
11	舞　蹈	舞蹈艺术的哲学基础、舞蹈美学、舞蹈评论、欣赏、舞蹈技术和方法、中国舞蹈舞剧、各国舞蹈舞剧、舞蹈事业等	J7	J000

12	戏剧、曲艺、杂技、影视	戏剧艺术理论、舞台艺术、中国戏剧、曲艺、杂技艺术、各国戏剧、杂技艺术，戏剧、曲艺、杂技艺术事业，电影、电视艺术理论，电影、电视艺术与技术、各种电影、电视，幻灯，各国电影、电视事业等	J8/9	J000
13	艺术教学及系列书	艺术类教材、教学方法，艺术类通用工具书、套装书、系列书等	J6/9	J000

4. 科学技术

序号	类 名	涵盖内容	分类号（CIP 数据Ⅵ.）	架位号
1	**科学理论与普及**	科学学、科学发明、专利、科学研究工作、科学院、科学团体，自然科学总论、自然科学理论与方法论、自然科学概况、现状、进展，自然科学机构、团体、会议，自然科学研究方法，自然科学丛书、文集、连续性出版物，自然科学工具书、非书资料、视听资料，自然科学调查、考察，自然研究、自然历史，非线性科学、系统科学，科学教育组织、学校，教材、课本，教学设备、普及读物等	G3　N N0/94	N000
2	数理化	数学、物理学、化学及数理化类通用工具书、套装书、系列书等	O	N000
3	天文学与地球科学	天文观测、天体物理学、时间，测绘学、地球物理学、大气科学（气象学）、地质学、海洋学、自然地理学等	P1/7	N000

4	生物学	基础生物学、分子生物学、生物技术、生物学科普书等	Q0/96	N000
5	人类学	古人类学人种学、体质人类学、人体测量学、分子人类学、人类遗传学、人类生态学、应用人类学等	Q98	N000
6	航空知识	航空知识、航天知识、航空航天通用工具书、普及类系列书等	V　U8	N000
1	**医学理论**	医药、卫生一般理论，医学哲学、医学史、卫生基础科学，环境医学、环境卫生，流行病学与防疫，医用一般科学、人体生理学、病理学、医学免疫学、医学遗传学，医学心理学、病理心理学等	R0/1 R3	R000
2	中国医学	中医现代化研究、中西医结合，中医预防、卫生学，中医基础理论，中医诊断学、中医治疗学、中草药治疗学、外功、中医康复学，中国少数民族医学	R2－0 R21/24 R29	R000
3	针灸按摩	推拿、按摩、捏积，拔罐疗法，刮痧、拧痧，割治、挑治，埋藏疗法，针灸学、针灸疗法、针灸疗法临床应用等	R244/246	R000
4	食物疗法	食养、食疗等	R247. 1 等	R000
5	中医各科	中医内科学、中医外科学、中医妇产科学、中医儿科学、中医肿瘤科学、中医骨伤科学、中医皮肤科学与性病学、中医五官科学、中医其他学科、中医急症学等	R25/278	R000

6	中药方剂	本草、中药材，中药炮制、制剂，中药化学，中药药理学、中药品、各科用药、中药药事管理，方论、医方汇编、各代医方、方歌、验方与单方、外治方等	R28	R000
7	临床医学	临床诊治问题、诊断学、治疗学、护理学、临终关怀学、康复医学等	R4	R000
8	内科学	传染病、结核病、寄生虫病、人畜共患病，心脏、血管、（循环系）疾病，血液及淋巴系疾病、呼吸系统及胸部疾病、消化系及腹部疾病、内分泌腺疾病及代谢病、全身性疾病、地方病学等	R5	R000
9	外科学	外科病理学、解剖学，外科手术学、整形外科学、骨科学、泌尿科学等	R6	R000
10	妇幼健康	妇科学、妇科手术、产科学、临床优生学、助产学、产科手术、生殖健康与卫生、计划生育方法、妇幼卫生等	R71 R169 R17	R000
11	儿科学	儿科治疗学，新生儿、早产儿疾病，婴儿的营养障碍、小儿内科学、小儿外科学等	R72	R000
12	肿瘤学	心血管肿瘤、呼吸系肿瘤、消化系肿瘤、运动系肿瘤、耳鼻咽喉肿瘤等	R73	R000
13	神经病学与精神病学	神经病学、偏头痛、精神病学、精神分裂症等	R74	R000
14	皮肤病学与性病学	皮肤病学、麻风病、湿疹、牛皮癣、性病学、梅毒、淋病等	R75	R000

15	五官科	耳鼻咽喉外科学，耳科学、耳疾病，鼻科学、鼻疾病，咽科学、咽疾病，喉科学、喉疾病等	R76	R000
16	眼科学	眼科诊断学、眼的一般性疾病、眼压与青光眼等	R77	R000
17	口腔科学	口腔疾病的预防与口腔卫生、口腔病理学，口腔矫形学、牙科美学等	R78	R000
18	其他医学	外国民族医学、放射医学、军事医学、航海医学、航空航天医学、运动医学等	R79/8	R000
19	药　学	药物基础科学，药典、药方集（处方集）、药物鉴定，药剂学、药事管理、药品、毒物学（毒理学）等	R9	R000
20	医卫培训及系列书	医药卫生类教材、职称评定培训辅导资料，医药卫生类通用工具书、普及类系列书等	R	R000
1	**农业科学**	广义农业总论、农业哲学、农业科学技术研究方法、农业史、农业化学、肥料学、土壤学、农业气象学、农业机械及农具、农田水利，作物生物学原理、栽培技术与方法，耕作学、田间管理，农产品收获、加工及储藏，农产品的综合利用、农产副业技术等	S　S1/3	S000
2	植物保护	植物检疫、气象灾害及其防御、病虫害及其防治、农药防治、植物保护机械等	S4	S000
3	农作物	禾谷类作物、豆类作物、薯类作物、野生植物，棉、麻类作物、藤类、大豆、花生、甘蔗、药用作物、银耳、人参、茶、烟草等	S5	S000

4	园艺理论	园艺理论与研究方法、园艺管理、苗圃学、设施园艺（保护地栽培）等	S60/62	S000
5	蔬菜瓜果	蔬菜园艺理论与方法论、萝卜、山药、大葱、大蒜、大白菜、芹菜、茄子、辣椒、南瓜、黄瓜、莲藕、蘑菇、西瓜、甜瓜等	S63/65	S000
6	果　树	果树园艺的理论与方法论、苹果、梨、桃、杏、葡萄、核桃、枣、柿子、柑橘类、荔枝、香蕉等	S66	S000
7	林　业	林业基础科学，造林学、林木育种及造林技术，绿化建设、森林保护学，森林工程、林业机械，森林树种等	S7	S000
8	养殖业	普通畜牧业、家畜、家禽、动物医学（兽医学），狩猎、野生动物驯养，畜禽产品的综合利用，蚕、桑，养蜂、益虫饲养等	S8	S000
9	水产渔业	水产基础科学，水产地区分布、水产志，水产资源、水产保护学、水产工程、水产养殖技术、水产捕捞，水产物运输、保鲜、贮藏、加工、包装等	S9	S000
10	农民致富丛书	农林牧渔类教材、职称评定、许可证培训，辅导资料，农林牧渔通用工具书、农民致富脱贫系列书等	S 等	S000
1	**工业技术**	工业技术方针、政策及其阐述，工业技术发展史，工业技术现状与发展，工业技术专利与发明，工业手册，工业规程与标准等	T－0/－2 T－18/－19 T－62/－63 T－65 “人大法”15	T000

2	一般工业技术理论	工程技术科学、工程设计与测绘、工业通用技术与设备、声学工程、制冷工程、真空技术、计量学，工程材料等	TB TB3	T000
3	产品设计	工程设计、工程测量、工程制图、工程模拟、产品设计、产品设计表现技法与模拟制作，包装设计、包装材料、包装类型、包装机械设备、包装技术检测、各类产品包装、包装装潢技术等	TB2 TB47/48 TS09	T000
4	矿业工程	矿山地质与测量、矿山设计与建设、矿山压力与支护、矿山机械、矿山运输与设备、矿山电工、矿山安全与劳动保护、矿山开采、选矿、矿产资源的综合利用等	TD	T000
5	石油天然气工业	能源与节能，石油、天然气地质与勘探，钻井工程、油气田开发与开采、油气田建设工程、海上油气田勘探与开发，石油、天然气加工工业，石油、天然气储存与运输、石油机械设备与自动化等	TE	T000
6	冶金工业	冶金技术，冶金机械、冶金生产自动化，钢铁冶炼、炼铁、铁合金冶炼、炼钢、其他黑色金属冶炼、有色金属冶炼等	TF	T000
7	金属学与金属工艺	金属学与热处理、铸造、金属压力加工，焊接、金属切割及金属粘接、金属切割加工及机床，刀具、磨料、磨具、夹具、模具和手工具，公差与技术测量及机械量仪、钳工工艺与装配工艺等	TG	T000

8	机械仪表	机械学，机械设计、计算与制图，机械零件及传动装置、机械制造用材料、机械制造工艺、机械运行与维修、机械工厂（车间）、起重机械与运输机械、泵、气体压缩与输送机械、专用机械与设备，仪表设计、计算与制图，计量仪器，坐标器、计算机具、计数器，光学仪器、天文仪器、地球科学仪器、医药卫生器械、力学量测量仪表、显示仪表、工业自动化仪表等	TH	T000
9	能源与动力工程	热能、热力工程，内燃机、太阳能及其利用，水能、水力机械，风能、风力机械，氢能及其利用等	TK	T000
10	原子能技术	核燃料及其生产，各种核反应堆、核电厂，加速器，辐射防护、核爆炸、辐射源、放射性废物管理及综合利用、原子能技术的应用等	TL	T000
11	电工技术	电工基础理论、电工材料、电机、电器，发电、发电厂，输配电工程、电力网及电力系统，高电压技术，电气化、电能利用，电气测量技术及仪器等	TM	T000
12	电子电信	真空电子技术，光电技术、激光技术，光电子技术、激光技术，半导体技术，微电子学、集成电路（IC），电子元件、组件，基本电子电路，无线电设备、电信设备，通信、无线通信、广播、电视、雷达、无线电导航、电子对抗（干扰及抗干扰）、无线电电子学的应用等	TN	T000

13	电信培训	无线电广播、收音、电视机、手机等的知识与技术学习教材等资料	TN	T000
14	自动化技术	自动化基础理论、自动化技术及设备、射流技术（流控技术）、遥感技术、运动技术等	TP1/2 TP6/8	T000
15	化学工业理论与技术	基本无机化学工业、电化学工业、橡胶工业、化学纤维工业、粘胶剂工业、燃料化学工业（总论）、煤化学及煤的加工利用，爆炸物工业、火柴工业，颜料工业、涂料工业、其他化学工业，化肥农药，制药，日用化工，化工培训与工具书等	TQ	T000
16	轻工业 手工业	纺织工业、染整工业，食品工业、制盐工业、烟草工业、皮革工业，木材加工工业、家具制造工业，造纸工业、印刷工业、五金制品工业、工艺美术制品工业，服装工业、制鞋工业，其他轻工业、手工业，轻工培训与工具书等	TS	T000
17	建筑理论与技术	建筑理论、建筑基础科学、建筑勘测、建筑设计、建筑结构，土力学、地基基础工程，建筑材料、建筑施工机械和设备、建筑施工、房屋建筑设备、地下建筑、高层建筑，建筑艺术，城乡规划与市政工程，建筑培训考试与工具书等	TU	T000
18	水利工程	水利工程基础科学、水资源调查与水利规划，水工勘测、水工设计，水工结构、水工材料、水利工程施工，水利枢纽、水工建筑物，水能利用、水电站工程，治河工程与防洪工程等	TV	T000
19	工业类系列书	工业类通用工具书、系列书等	T	T000

1	**计算机理论与维修技术**	计算机文化、计算机心理学、计算机一般性问题、设计与性能分析，总体结构、系统结构，制造、装配、安装，算机调整、测试、校验、检修、维护，机房等	TP－05　TP30 TP306/307	TJ00
2	计算机安全与软件知识	计算机设备安全、数据安全、数据备份与恢复、计算机病毒与防治（手机病毒）、加密与解密，程序设计、数据库、软件工程，程序语言、算法语言，汇编语言、汇编程序，编译程序、解释程序，管理程序、管理系统，操作系统、专用软件、应用软件等	TP309 TP31	TJ00
3	计算机硬件与应用知识	一般计算机与计算机、电子数字计算机、电子模拟计算机、混合电计算机、微型计算机、其他计算机，信息处理、各种专用数据库、在其他方面的应用等	TP32/36 TP38/39	TJ00
4	计算机网络与多媒体	计算机网络理论、计算机网络结构与设计、计算机网络管理、计算机网络安全、计算机网络应用，网站、网页、网络浏览器、网站建设与管理、网页设计与制作、各种计算机网，多媒体操作系统、多媒体技术与多媒体计算机，国际互联网、互联网理论、互联网组织等	TP393 TP316. 5　TP37	TJ00
5	计算机培训考级与系列书	计算机知识教育、普及读物、技工培训、考级培训，计算机类通用工具书、系列书等	TP393. 4－4 TP3	TJ00

1	**综合运输与铁路、水路运输**	综合运输体制与结构、城市交通运输、乡村交通运输、长途运输、联运、特种货物运输、集装箱运输、管道运输、索道运输，铁路线路工程、电气化铁路、特种铁路，机车工程、车辆工程，铁路通信、信号，铁路运输管理工程，航道工程、通航建筑物与助航设备、港口工程、船舶工程、水路运输技术管理等	U1/2 U6	U000
2	公路建设与管理	道路工程、桥涵工程、隧道工程、汽车工程交通运输与公路运输技术管理等	U41/45 U49	U000
3	汽车工程与汽车修理	汽车理论、整车设计与计算、汽车结构部件、汽车发动机、汽车材料、汽车制造工艺、汽车实验、汽车制造厂、各种汽车，汽车保养与修理，汽车用燃料、润滑剂，加油站及其设备，电车、摩托车、自行车（电动自行车）、缆车等知识	U46 U472/473 U48	U000
4	汽车驾驶	交通规则、汽车一般保养与驾驶、汽车使用、轮胎消耗、驾驶员训练等	U471	U000
5	运输类系列书	交通运输类通用工具书、系列书等	U	U000
1	**环境科学与环境治理**	环境保护政策及其阐述、环境科学技术现状与发展，环境保护组织、机构、会议，环境保护宣传及普及、环境保护标准、环境科学基础理论、社会与环境、环境与发展，环境规划与环境管理、自然保护区划及其管理、自然灾害及其防治、人为灾害及其防治、环境污染及其防治，行业污染、废物处理与综合利用，环境质量评价与环境监测等	X－0/－6 X1/8	X000

2	安全科学与安全工程	安全科学参考工具书、安全科学基础理论、安全管理、安全教育学、事故调查与分析，安全规程、工业安全，爆炸安全与防火、防爆，劳动卫生工程、工业通风等	X9/96	X000
3	环保与安全系列书	环保与安全类通用工具书、系列书等	X	X000

5. 少儿读物

序号	类　名	涵 盖 内 容	分类号（CIP 数据Ⅵ.）	架位号
1	亲子辅导	识图学说话、童谣儿歌、看图学识数、跟妈妈听音乐、跟妈妈学画画、跟妈妈做游戏等	G613. 2/. 7	G000
2	幼儿启蒙	语言识字、常识故事、算术计算、音乐舞蹈、绘画书法、体育游戏、玩具教具、幼儿外语、幼儿系列丛书等	G613. 2	G000
3	儿童读物	儿童文学、中国文学名著、外国文学名著、中外诗歌、中外散文、历史读物、百科知识、注音读物、儿童画册、儿童文体、儿童时代、小学生系列丛书等	I18 I28 等	G000
4	中国文学名著	中学生版中国文学名著	I24	G000
5	外国文学名著	中学生版世界及各国文学名著	I14　I3/7	G000
6	中外诗歌散文	中学生版中国及世界各国诗歌散文	I12 I22　I3/7	G000

7	历史知识	中学生版中国及世界各国历史知识读物	K1/8	G000
8	百科探秘	中学生版中国及世界各国百科探秘	Z2/3	G000
9	画　册	图片、卡通、连环画、漫画等绘本读物	J229 “人大法”8	G000
10	中学生文体	中学生课余绘画、书法、音乐、舞蹈，反映中学生校园生活的图书等	J2/9 G8　I1/7	G000
11	中学生系列丛书	少儿版系列丛书	G　H　I 等	G000

6. 生活服务

序号	类　名	涵 盖 内 容	分类号（CIP 数据Ⅵ.）	架位号
1	**饮食文化与烹饪法**	美食学、茶文化与茶艺、酒文化与酒艺、咖啡文化，烹饪技术，原料、辅料及加工，调味原料及调味法、中餐烹饪法、西餐烹饪法等	TS971 TS972. 11	TY00
2	食谱、菜谱	各类菜烹饪法及菜谱，按各种烹饪法编制的菜谱，风味小吃制作与食谱、世界各国食谱、菜谱，中国各地食谱、菜谱，中国少数民族食谱、菜谱，主食类制作与食谱、米食、面食、油炸食品、甜食、粥类，自助餐、快餐制作与食谱，午餐盒饭、麦当劳快餐、肯德基快餐家庭快餐，保健食谱、菜谱，儿童食谱、菜谱，老年人食谱、菜谱，妇女食谱、菜谱，运动员食谱、菜谱，机关团体、旅行、户外食谱、菜谱，宗教食谱、菜谱，清真食谱、菜谱，宫廷食谱、菜谱，西餐食谱、菜谱，调酒技术、鸡尾酒、配制酒等	TS972. 12/. 19	TY00

3	营养卫生与厨房餐厅	营养学、各类人群的营养，食物的调配、烹饪、运输、保藏与营养，饮食卫生与食品检查，餐饮人员的卫生，食物保存技术与设备，饮食类通用工具书、系列书、丛书，炊事工具与机械、饮食用具、厨房及设备、炊事业技术管理、餐厅管理、厨师、餐饮服务人员、炊事卫生管理等	R151/155 TS972. 21/. 24 TS972. 26 TS972. 3 TS971/972 等	TY00
1	**个人生活**	沐浴，儿童、少年卫生，青年卫生、中年卫生、生活制度与卫生、戒烟、戒酒、戒毒、文体生活卫生、身体清洁卫生、性卫生、个人卫生防护用品使用，洗染缝补与穿着打扮，美容美发，花卉盆景与室内小陈设	TS973. 1/. 5 TS974. 1/. 3 R161. 5/. 6 R163/168 R179　S68	TG00
2	宠物与钓鱼	家庭宠物、宠物饲养、动物医学、动物心理、宠物的社会学问题、电子宠物，可驯化的各种鸟类、蟋蟀、金鱼、乌龟，钓鱼活动、竿钓鱼法、漂浮钓鱼法、冰下钓鱼法等	B843. 2 S82/85 与 Q95 有关类　S815 TS958. 2 +89 TS976. 38 Q96　G897 Q959. 7　S965. 8 S973. 3	TG00
3	文体活动	一般健身法，健身法、健脑法、体育健身活动、健身房活动、广场舞、健身操，国际象棋、中国象棋、围棋、扑克、麻将，康乐球、台球、狩猎、活动性游戏、智力游戏、电子游戏、信鸽、斗鸡、斗蟋蟀、赛狗、户外徒步活动、野营、拓展训练、自行车游、自驾游等	G891/893 G895/896 G898/899	TG00
4	收藏与鉴赏	个人兴趣、家庭收藏，藏品的采集、征集、鉴定，文物复制，藏品的整理和保管、私人收藏博物馆，古迹鉴定知识等	G262/265 G268. 8 K854. 2	TG00

5	养生保健与个人生活大全	老年卫生、长寿法，医疗体育、养生、气功健身、心理卫生、职业心理学、食养、食疗，消渴食疗法、保健食谱、菜谱，个人生活类通用工具书、系列书、丛书等	R131 R212 R161.7 R214 R455 R247.1 R255.405 R395.6 TS972.161 TS97 Z2/3 等	TG00
1	**家具与家宅装潢**	家具图谱、木家具、竹家具、金属家具、各国家具民族家具，建筑装饰、民用建筑户型设计、装潢等	J525.3 TS664 TU238.2 TU241	TJ00
2	婚恋家庭问题研究	夫妻生活，女性、男性、个人生活，中年、老年人生活及心理学，婚姻、丧葬民俗，恋爱、家庭、婚姻等社会问题研究，家庭道德、婚姻道德、恋爱道德、性道德、生育道德等	TS976.32/.34 B844.3/.6 K892.22 C913.1 D669.1 B823	TJ00
3	家庭育儿与教育	胎儿、新生儿心理学，幼儿心理学、智力超常儿童心理学、变态儿童心理学，适合家长看的学前教育、幼儿教育理论与方法、儿科医学知识，生育、诞辰民俗，成人礼，家庭健康教育等	TS976.31 B844.1 G61 G78 R17 R72 K892.21 R169 中 有关内容	TJ00
4	历　书	计年法、季节、时令、历法、历书、万年历、历书对照表、天文年历等	P19	TJ00
5	家用电器	家用电器及其他电器设备，空气调节用电器、冷藏用电器、清洁卫生用电器、整容保健用电器、厨房用电器、电炊具，取暖电器、视听娱乐用电器，无线电设备、电信设备，电视接收机的维修，电器元件、组件，基本电子电路，录像系统、放像系统，家庭用具与配备，家庭自动化，誊印机具等	TM925 TN8 TN949.7 TN6/7 TN946 TS976.8/.9 TS951.4	TJ00

6	家庭生活大全	住宅及居室的陈设、布置、美化、管理、安全、保洁，住宅选择，家庭管理、勤俭持家、家庭理财、家庭簿记，家庭保姆、钟点工、搬家等家政服务，有关家庭生活知识的综合性读物、婚介、婚庆、丧葬、殡仪、摄影冲印等服务技术，家庭生活类通用工具书、系列书、丛书等	TS975　TU8 F719 TU241　J525. 1 B834. 2 X956 有关类 TS976. 1 TS976. 7 TS976. 3 TS976. 39 TS979　TS97 Z2/3 等	TJ00

7. 综合

序号	类　名	涵 盖 内 容	分类号 （CIP 数据Ⅵ.）	架位号
1	百科全书 辞典文集	中国百科全书、类书，综合性普及读物、各国百科全书，综合性词典，丛书文集文摘索引等	Z	Z000
2	中小学课本	可按学科或年级细分	G624. 1/. 2	Z000
3	高校与 职校教材	可按专业或学科细分	G634. 1/. 2 及有关学 科各类	Z000
4	图片与 年历（画）	各类挂图、张贴画，挂历、台历、日历、年历画、年画等，也可按品种或出版社细分	“人大法”1/17	Z000

五、小型综合书店图书营销分类表

（适用于卖场面积1000平方米的书店使用）

1. 哲学社科

序号	类　名	涵盖内容	分类号（CIP数据Ⅵ.）	架位号
1	马列经典	马恩列斯著作，领袖著作，生平与传记，学习和研究，党和国家领导人著作，马列系列书等	A　D0－0 D2－0 D610.0/.3 K827	A000
2	哲　学	马克思主义哲学，世界哲学、各国哲学，中国哲学史、思想史、周易、儒家等其他传统哲学，思维科学、逻辑学、美学，各类哲学、宗教系列图书	B　B－4 B0　B1/7 B80/81 B83	A000
3	人生哲学	人生观、修身、处事、劝善、个人修养、格言、名言警句，伦理学理论与方法论、伦理学史、国家道德、社会公德等	B82 H033.3 H136.33	A000
4	心理学	心理学研究方法、生理心理学，神经类型与气质、性格，心理咨询与心理辅导等	B84	A000
5	励　志	成功与失败心理等	B848.4	A000
6	宗　教	宗教理论与概况、宗教史、佛教、道教、伊斯兰教、基督教、其他宗教、术数等	B9	A000

7	社科理论	社科丛书、工具书，非书资料、视听资料，社会结构与社会关系、社会舆论、社会行为、社会调查、社会管理，青少年、中老年妇女、残疾人问题，社会关系、公共关系学，人口学、人口统计，统计学方法、统计资料，民族学、文化人类学、中国少数民族语言，民族工作、民族问题、民族史志地理等	C0/79〔C7〕 C91－0 C912 C914/916 C913 .3/.9 D669.3/.9 C912.3 C8 C92 C95 H2 D5/7 K28 和 K1/7 中有关类	A000
8	职业选择	大学生就业，择业，个人简历、自荐信写作等	C913.2 D669.2 等	A000
9	领导科学	管理技术与方法、咨询学，办公室组织与管理、办公自动化、文秘工作，领导方法与艺术、决策学、应用管理，人才管理、劳动管理等	C93－0 C931/932 C931.4 C933/939 C96/97	A000
10	政　治	政治学、政治学史，各国共产党、世界政治、各国政治，国际共运、党的建设、党史，工人、农民、青年、妇女运动与组织，政策、政论、政治制度、行政管理、政治运动、地方政治，政府管理信息化、公务员、民政工作，地方行政管理、一国两制，中国政治制度史、选举制度、人事制度、社会生活，监察、监督、公安工作、户籍管理、交通管理、出入境管理、消防工作、看守所、收审所管理，思想政治教育、精神文明建设、爱国主义教育，外交与国际关系，政治类系列读本、套装书，有关政务考试的大纲、复习资料等	D0/8 D33/37 D73/77 D1/2 D4/6 D630.3 C975 G726	A000

11	法　学	法律理论、法哲学，国家法、宪法、民法典、刑法、诉讼法，司法行政、司法监督，犯罪学、刑事侦查学，法医基础科学、法医鉴定学，中国法制理论学习、研究，中国法制史、地方法制，司法教育通俗读物，各国法律、国际法理论、国际民事诉讼法，律师与公证等	D90　D99 D910/919 D921/926 D927/929 D926. 15 D93/97 D916. 5/. 6 D926. 5/. 6	A000
12	中国法律文本	法律汇编、单行本，法的讲解、问答、案例、说明、权益保护等	D920. 9 D921/925 D911. 05 D920. 5	A000
13	司法考试 法律工具书	司法人员培训、律师考试辅导，法律类通用词典、法律大全，法律类系列读本、套装书等	D926. 17 D9　DF	A000
14	军　事	军事哲学、军事分支学科、军事思想史，世界军事制度、军事科研组织与活动、军事史，军事理论、政治工作、国防建设与战备、军事史，战略学、战役学、战术学、军事情报与军事侦察，军事技术基础科学、军事指挥信息系统、军事工程、军事地形学、军事地理学，军事、战争类系列读本、套装书，战争、战役等军事体裁的报告文学、纪实文学、剧本、摄影集等	E0/2　E3/8 E91　E94/99 I253. 2　I15 J 和 I3/7 中有关类	A000
15	古代兵法 兵器大观	中国历代兵法、世界各国古代兵法，武器、军用器材、武器工业、武器工业经济等	E89 E920/939　TJ F407. 48	A000
16	经　济	国际经济关系、经济全球化、国际经济组织与会议、世界经济史，经济学基本理论，中国经济发展道路与模式、产业结构，国民经济管理、经济计划与规划、经济计算、基本建设经济、城市经济、农业经济等	F0　F11/12 F13/17 F20/22 F28/293. 27 F3	A000

17	会计财务	会计学、会计核算工作自动化、各部门会计和薄记，审计学、审计方法与技术等	F230/235 F239	A000
18	企业经济	产业经济、企业经济、工业经济，劳动力与人力资源、企业人力资源管理，房地产市场、中介、物业管理等	F26/27 F4 F24 F272.92 F406.15 F293.3	A000
19	信息与物流	信息产业经济、物流经济、第三方物流与企业、世界物流经济，通信经济理论、邮政快递、电信、世界通信业史，旅游经济理论与方法、旅游企业、旅游市场与开发、世界旅游业等	F49/5 F25 F59 F6	A000
20	贸易经济	商品流通与市场、商业企业、中介服务、国内外贸易经济、贸易史，广告策划与制作、广告企业与管理等	F7	A000
21	财政金融	财政理论、货币、金融、银行、信贷、股票证券、财政金融史，保险理论、保险组织和管理、保险业务、保险业史等	F8	A000
22	经济类考试用书系列书	注册会计师、MBA、物流师，经济类通用工具书、系列书等	F	A000
23	历　史	世界通史、上古史、古代史、各国史，总论历史兼论地理、史学的哲学基础、史学史，中国通史、革命史、文化史，历史事件、公牍、档案、汉学、年表，各类中国历史通俗读物，考古学、考古方法与技术、中外文物考古，历史类通用工具书、套装书、系列书，纪传体史书合刻、纪传、编年、记事本末、杂史、史钞，古代史早期，方志学、各省、区史志等	K K0/1 K3/7 K20/203 K205/209 K85 K0/89 K204 K21/27 K29	A000

24	人物传记	传记研究与编写、世界及各国人物传记，中国各代、各界人物传记，谱系学、世界各国氏族谱系、人名辞典、姓氏词典、寻根等	K810/811 K833/837 K82 K819　K82－61	A000
25	风俗习惯 社交礼仪	民俗学、世界各国风俗习惯，中国节日、节令、各种民俗专志，礼仪、礼节民俗、古代礼制、社交礼仪、外交礼节等	K890 K892/897 C912.12 D802.2	A000
26	地理学与 名胜古迹	地理学史、文化地理学、自然地理学，世界政治区划、历史地理、专类地理、各国地理，各国名胜古迹、古建筑、纪念地、故居、遗址，旅游地理、游记，地理类通用工具书、套装书、系列书等	K9/90　P90/97 K912/918 K931/936 K938/978 K971/976 K921/928.8 K919　K928.9 K939/979	A000
27	地　图	世界地图及各国地图，中国地图及各行政区划图、交通图、运输图，世界各国、中国各地区游路线图等	P98 K991/997 F512.99　U	A000
28	**地方文化**	有关当地历史、人物、风光名胜、政治、经济等的图书入此。如：申城文化（上海）、殷都文化（安阳）、建康文化（南京）等	K　G 等跨类陈列	A000

2. 文化教育

序号	类名	涵盖内容	分类号（CIP 数据Ⅵ.）	架位号
1	文化	文化哲学、文化史、世界各国文化与文化事业，群众文化事业、文化馆、俱乐部、青少年宫、公园、图书馆、情报学、博物馆、档案事业，信息理论与技术、传播理论、新闻事业、广播电视事业、记者、播音员，出版工作理论、出版社、编辑、书店，文化类通用工具书、套装书、系列书等	G0/2	B000
2	教育理论	教育学、思想政治教育、德育、教学理论、电化教育、教育心理学、教师与学生、学校与家庭、学校与社会、教育行政、学校管理、学校建筑和设备的管理世界教育事业、中国教育事业、各国教育事业，学前教育、幼儿教育理论、幼儿园、幼儿教师、玩具、世界幼教事业，小学教育理论、教学法与教学组织、学校管理、世界初等教育事业，中学教育理论、教学法与教学组织、学校管理、世界中等教育事业，教育类通用工具书、套装书、系列书等	G40/57 G61/63 G4/79	B000
3	小学辅导	学生参考书、习题、试题与题解，小学生作文等	G624. 3/. 5 H194. 4	B000
4	小学阅读	小学生语文读物、新课标阅读等	H194. 4　I	B000
5	中学教辅	教学辅导材料，中学生作文选、写作方法等	G634. 3/. 5 H194. 5	B000

6	中学阅读	中学生语文读物、新课标阅读等	H194.5　I	B000
7	高考资料	高考辅导资料、报考大学指南等	G63 等	B000
8	高等教育 其他教育	高等教育理论、高校管理、科学研究、学位、世界高校教育史，留学培训、互派留学生、外国学校介绍、留学指南，师范、职业技术、成人、业余、少数民族教育、侨民教育、高教自考教育等	G64 G648.9 G649.28 G53/57 有关类 G65/77	B000
9	学生用工具书	字词典、公式集等	G623　G633 等	B000
10	体　育	体育教育、奥林匹克运动会、运动场地与运动设备、体育运动技术（总论），田径、体操、球类、水上、其他运动，体育类通用工具书、套装书、系列书等	G80/84 G86/88 G8	B000
11	武　术	总论武术、对外武术交流、拳术、器械武术、武术演练、武术气功、民族形式体育等	G85	B000
12	语言学	语言理论与方法论、语音学、文字学、词汇学，汉语的规范化、现代汉语、文字学、词汇、语法、翻译，汉语教学改革、对外汉语教学，方言学、古代方言、各地方言，速记、盲文、总论动作语言、手语、旗语，语言文字类通用工具书、套装书、系列书等	H0　H0 - 0/04 H06　H09 H1/14　H159 H19　H07　H17 H026　H126	B000
13	演讲与口才	朗诵法、演讲术、辩论术、说服方法、口才学等	H019　H119	B000
14	读书与写作	学习方法、读书方法、治学方法，写作学、修辞学、风格论、文体论、标点法、韵律学等	G79 H05　H15	B000

15	汉语工具书	三种及三种以上语言对照的词典，字书、字典、词典、汉语字典、词典的编纂法，熟语、成语、歇后语、俗语、外来语等知识及词典	H033 H136.3 H061 H16	B000
16	英　语	英语总论、英语发展史、语法、英语教学、习题，英语水平考试、英语等级考试、试题，英语语音、朗诵法、演讲术、口语、会话教材、应用英语，英语写作、修辞、文章学、写作教学，翻译学、英语翻译教学等	H31/310 H310.9 H311/315 H317/319 H059 H315.9	B000
17	英语读物	阅读教学、对照读物，进口原装英语读物	H319.37 H319.4	B000
18	英语辞典	英汉字典、词典等	H316	B000
19	外语类系列书	外语类通用工具书、套装书、系列书等，其他外语学习考试、法汉字典、词典，汉藏语系等，世界语、国际语	H31/9 H32/37 H4/9	B000

3. 文学艺术

序号	类　名	涵 盖 内 容	分类号（CIP 数据Ⅵ.）	架位号
1	文学知识	文学的哲学基础、文艺美学、文学创作、文学史、文学评论，文学类通用工具书、套装书、系列书等	I0/10 I200/209 I3/7 有关类	C000
2	中国文学	中国文学作品集、诗歌韵文、戏剧文学、小说、纪实文学、散文、民间文学等，可以按写作文体类型或古代、近现代、当代设类名	I2	C000

3	外国文学	世界文学作品集，各国名著系列，世界各国文学作品，可以按写作文体设类名	I11/199 I3/7 有关类	C000
4	艺术知识	艺术的哲学基础、艺术美学、艺术评论、欣赏、世界艺术、专题艺术与现代边缘艺术，美术教学及系列书，	J0/5	C000
5	绘画、雕塑、摄影、工艺	绘画理论、绘画技法、可按不同画种细分，绘画作品，雕塑理论、创作方法、技法、雕塑作品，摄影理论、摄影机具与设备、各种摄影技术、数码摄影，摄影艺术理论、各种摄影艺术，各国摄影艺术作品集，工艺美术的哲学基础、图案设计、工艺美术史、各种工艺美术及作品集等	J2/23 J3　TB8 TP391. 41 中有关类 J4/5	C000
6	书法与篆刻	书法理论、毛笔书法、书法材料、工具的使用与保管，硬笔字、美术字、少数民族文字、拼音文字等的书法，碑帖书法作品，篆刻治印及作品	J292/293	C000
7	音乐、舞蹈	音乐的哲学基础、音乐评论、欣赏、音乐史、音乐技术理论与方法、音乐事业，舞蹈艺术的哲学基础、舞蹈美学、舞蹈评论、欣赏、舞蹈技术和方法、中国舞蹈舞剧、各国舞蹈舞剧、舞蹈事业，歌曲、戏剧乐曲、配乐音乐乐曲、说唱乐曲、曲艺音乐乐曲、舞蹈乐曲、器乐曲民族器乐曲、宗教音乐等作品，艺术类教材、教学方法，艺术类通用工具书、套装书、系列书等	J60/61 J69　J7 J64/65 J6/9	C000

8	器乐理论与演奏法	西洋管乐理论和演奏法、西洋弓弦乐理论和演奏法、西洋弹拨乐理论和演奏法、西洋打击乐理论和演奏法、器乐合奏理论和演奏法、电子琴器乐理论和演奏法，民族吹奏乐理论与演奏法、弓弦乐理论和演奏法、弹拨乐理论和演奏法、打击乐理论和演奏法、民族器乐合奏理论和演奏法、地方音乐器乐合奏理论与演奏法、各国民族器乐、宗教器乐理论与演奏法等	J62/63	C000
9	戏剧、曲艺、杂技、影视	戏剧艺术理论、舞台艺术、中国戏剧、曲艺、杂技艺术、各国戏剧、杂技艺术，戏剧、曲艺、杂技艺术事业，电影、电视艺术理论，电影、电视艺术与技术、各种电影、电视，幻灯，各国电影、电视事业等	J8/9	C000

4. 科学技术

序号	类　名	涵 盖 内 容	分类号（CIP 数据Ⅵ.）	架位号
1	科学知识	科学学、科学发明、专利、科学研究工作、科学院、科学团体，自然科学总论、自然科学理论与方法论、自然科学概况、现状、进展，自然科学机构、团体、会议，自然科学研究方法，自然科学丛书、文集、连续性出版物，自然科学工具书、非书资料、视听资料，自然科学调查、考察，自然研究、自然历史，非线性科学、系统科学，科学教育组织、学校，教材、课本，教学设备、普及读物，数学、物理学、化学，天文学与地球科学、生物学、人类学、航空知识、航天知识、航空航天通用工具书、普及类系列书等	G3 N N0/94 O P Q V U8	D000

2	医学知识	医药、卫生一般理论，医学哲学、医学史、卫生基础科学，环境医学、环境卫生，流行病学与防疫，医用一般科学、人体生理学、病理学、医学免疫学、医学遗传学，医学心理学、病理心理学，医药卫生类教材、职称评定培训辅导资料，医药卫生类通用工具书、普及类系列书等	R0/1 R3　R	D000
3	中国医学	中医现代化研究、中西医结合，中医预防、卫生学，中医基础理论，中医诊断学、中医治疗学、中草药治疗学、外功、中医康复学，中国少数民族医学，针灸按摩、食物疗法、中医各科、中药方剂等	R2	D000
4	西医各科	临床医学、内科学、外科学、妇产科学、儿科学、肿瘤学、神经病学与精神病学、皮肤病学与性病学、耳鼻咽喉科学、眼科学、口腔科学、其他医学、药学等	R4/9	D000
5	农业科学	广义农业总论、农业哲学、农业科学技术研究方法、农业史、农业化学、肥料学、土壤学、农业气象学、农业机械及农具、农田水利，作物生物学原理、栽培技术与方法，耕作学、田间管理，农产品收获、加工及储藏，农产品的综合利用、农产副业技术，植物保护、农作物、园艺、蔬菜瓜果、果树、林业、养殖业、水产渔业，农林牧渔类教材、职称评定、许可证培训，辅导资料，农林牧渔通用工具书、农民致富脱贫系列书等	S	D000

6	工业技术	工业技术方针、政策及其阐述，工业技术发展史，工业技术现状与发展，工业技术专利与发明，工业手册，工业规程与标准，一般工业技术理论、产品设计、矿业工程、石油天然气工业、冶金工业、金属学与金属工艺、机械仪表、能源与动力工程、原子能技术、电工技术、电子电信、无线电培训、自动化技术、化学工业理论与技术、轻工业、手工业、建筑理论与技术、水利工程、工业类通用工具书、系列书等	T－0/－65 “人大法”15 TB　TD TE　TF TG　TH TK　TL TM　TN TP1/2 TP6/8 TQ　TS TU　TV	D000
7	计算机理论与技术	计算机文化、计算机心理学、计算机一般性问题、设计与性能分析，总体结构、系统结构，制造、装配、安装，算机调整、测试、校验、检修、维护，机房，计算机安全与软件知识，计算机硬件与应用知识，计算机网络与多媒体，计算机培训考级与系列书	TP－05　TP3	D000
8	交通运输	综合运输体制与结构、城市交通运输、乡村交通运输、长途运输、联运、特种货物运输、集装箱运输、管道运输、索道运输，铁路线路工程、电气化铁路、特种铁路，机车工程、车辆工程，铁路通信、信号，铁路运输管理工程，航道工程、通航建筑物与助航设备、港口工程、船舶工程、水路运输技术管理，道路工程、桥涵工程、隧道工程、汽车工程交通运输与公路运输技术管理，交通运输类通用工具书、系列书等	U1/2 U6 U41/45 U49	D000

9	汽车工程与驾驶	汽车理论、整车设计与计算、汽车结构部件、汽车发动机、汽车材料、汽车制造工艺、汽车实验、汽车制造厂、各种汽车，汽车保养与修理，汽车用燃料、润滑剂，加油站及其设备，电车、摩托车、自行车（电动自行车）、缆车等知识，交通规则、汽车一般保养与驾驶、汽车使用、轮胎消耗、驾驶员训练等	U46 U472/473 U48 U471 U	D000
10	环境科学与安全科学	环境保护政策及其阐述、环境科学技术现状与发展，环境保护组织、机构、会议，环境保护宣传及普及、环境保护标准、环境科学基础理论、社会与环境、环境与发展，环境规划与环境管理、自然保护区划及其管理、自然灾害及其防治、人为灾害及其防治、环境污染及其防治，行业污染、废物处理与综合利用，环境质量评价与环境监测，安全科学与安全工程，环保与安全类通用工具书、系列书等	X	D000

5. 少儿读物

序号	类　名	涵 盖 内 容	分类号（CIP 数据Ⅵ.）	架位号
1	亲子辅导幼儿启蒙	识图学说话、童谣儿歌、看图学识数、跟妈妈听音乐、跟妈妈学画画、跟妈妈做游戏，幼儿语言识字、常识故事、算术计算、音乐舞蹈、绘画书法、体育游戏、玩具教具、幼儿外语、幼儿系列丛书等	G613. 2	E000

2	儿童读物	儿童文学、中国文学名著、外国文学名著、中外诗歌、中外散文、历史读物、百科知识、注音读物、儿童画册、儿童文体、儿童时代、小学生系列丛书等	I18 I28 等	E000
3	中学生版 中国文学	中学生版中国文学名著、诗歌散文等	I22　I24	E000
4	中学生版 外国文学	中学生版世界及各国文学名著、诗歌散文等	I12　I14 I3/7	E000
5	历史知识 百科探秘	中学生版中国及世界各国历史知识读物，中学生版中国及世界各国百科探秘	K1/8 Z2/3	E000
6	少儿画册	图片、卡通、连环画、漫画等少儿绘本读物	J229 “人大法”8	E000
7	中学生文体 及系列丛书	中学生课余绘画、书法、音乐、舞蹈，反映中学生校园生活的图书，少儿版系列丛书	J2/9 G8　I1/7 G　H　I 等	E000

6. 生活服务

序号	类　名	涵 盖 内 容	分类号 （CIP 数据Ⅵ.）	架位号
1	饮食文化 与烹饪法	美食学、茶文化与茶艺、酒文化与酒艺、咖啡文化，烹饪技术，原料、辅料及加工，调味原料及调味法、中餐烹饪法、西餐烹饪法等	TS971 TS972. 11	F000

2	食谱菜谱餐饮服务	各类菜烹饪法及菜谱，冷菜、凉菜，甜菜、汤、煲、羹，素菜、荤菜，海鲜类、河鲜类，家常菜、宴会菜，按各种烹饪法编制的菜谱，砂锅、火锅、汽锅菜，电烤箱菜、烧烤菜，微波炉菜，风味小吃制作与食谱、中国风味小吃、各国风味小吃、西式小吃，世界各国食谱、菜谱，中国各地食谱、菜谱，中国少数民族食谱、菜谱，主食类制作与食谱、米食、面食、油炸食品、甜食、粥类，自助餐、快餐制作与食谱，午餐盒饭、麦当劳快餐、肯德基快餐、三明治、热狗、汉堡包、家庭快餐，保健食谱、菜谱，儿童食谱、菜谱，老年人食谱、菜谱，妇女食谱、菜谱，运动员食谱、菜谱，机关团体、旅行、户外食谱、菜谱，宗教食谱、菜谱，清真食谱、菜谱，宫廷食谱、菜谱，西餐食谱、菜谱，调酒技术、鸡尾酒、配制酒，营养学、各类人群的营养，食物的调配、烹饪、运输、保藏与营养，饮食卫生与食品检查，餐饮人员的卫生，食物保存技术与设备，饮食类通用工具书、系列书、丛书，炊事工具与机械、饮食用具、厨房及设备、炊事业技术管理、餐厅管理、厨师、餐饮服务人员、炊事卫生管理等	TS972. 12/. 19 R151/155 TS972. 21/. 24 TS972. 26 TS972. 3 TS971/972 等	F000

3	营养卫生与厨房餐厅	营养学、各类人群的营养，食物的调配、烹饪、运输、保藏与营养，饮食卫生与食品检查，餐饮人员的卫生，食物保存技术与设备，饮食类通用工具书、系列书、丛书，炊事工具与机械、饮食用具、厨房及设备、炊事业技术管理、餐厅管理、厨师、餐饮服务人员、炊事卫生管理等	R151/155 TS972. 21/. 24 TS972. 26 TS972. 3 TS971/972 等	F000
4	个人生活	沐浴，儿童、少年卫生，青年卫生、中年卫生、生活制度与卫生、戒烟、戒酒、戒毒、文体生活卫生、身体清洁卫生、性卫生、个人卫生防护用品使用，洗染缝补与穿着打扮，美容美发，花卉盆景与室内小陈设，一般健身法，健身法、健脑法、体育健身活动、健身房活动、广场舞、健身操，国际象棋、中国象棋、围棋、扑克、麻将，康乐球、台球、狩猎、活动性游戏、智力游戏、电子游戏、信鸽、斗鸡、斗蟋蟀、赛狗、户外徒步活动、野营、拓展训练、自行车游、自驾游，个人兴趣、家庭收藏，藏品的采集、征集、鉴定，文物复制，藏品的整理和保管、私人收藏博物馆，古迹鉴定知识等	TS973. 1/. 5 TS974. 1/. 3 R161. 5/. 6 R163/168 R179　S68 G891/893 G895/896 G898/899 G262/265 G268. 8 K854. 2	F000
5	宠物与钓鱼	家庭宠物、宠物饲养、动物医学、动物心理、宠物的社会学问题、电子宠物，可驯化的各种鸟类、蟋蟀、金鱼、乌龟，钓鱼活动、竿钓鱼法、漂浮钓鱼法、冰下钓鱼法等	B843. 2 S82/85 与 Q95 有关类 S815 TS958. 2 + 89 TS976. 38 Q96　G897 Q959. 7 S965. 8　S973. 3	F000

6	养生保健与生活大全	老年卫生、长寿法，医疗体育、养生、气功健身、心理卫生、职业心理学、食养、食疗，消渴食疗法、保健食谱、菜谱，个人生活类通用工具书、系列书、丛书，计年法、季节、时令、历法、历书、万年历、历书对照表、天文年历等	R131 R212 R161. 7 R214 R455 R247. 1 R255. 405 R395. 6 TS972. 161 TS97 P19 Z2/3 等	F000
7	家具与家宅装潢	家具图谱、木家具、竹家具、金属家具、各国家具民族家具，建筑装饰、民用建筑户型设计、装潢等	J525. 3 TS664 TU238. 2 TU241	F000
8	婚恋家庭问题研究	夫妻生活，女性、男性、个人生活，中年、老年人生活及心理学，婚姻、丧葬民俗，恋爱、家庭、婚姻等社会问题研究，家庭道德、婚姻道德、恋爱道德、性道德、生育道德等	TS976. 32/. 34 B844. 3/. 6 K892. 22 C913. 1 D669. 1 B823	F000
9	家庭育儿与教育	胎儿、新生儿心理学，幼儿心理学、智力超常儿童心理学、变态儿童心理学，适合家长看的学前教育、幼儿教育理论与方法、儿科医学知识，生育、诞辰民俗，成人礼，家庭健康教育等	TS976. 31 B844. 1 G61 G78 R17 R72 K892. 21 R169 中有关内容	F000
10	家用电器	家用电器及其他电器设备，空气调节用电器、冷藏用电器、清洁卫生用电器、整容保健用电器、厨房用电器、电炊具，取暖电器、视听娱乐用电器，无线电设备、电信设备，电视接收机的维修，电器元件、组件，基本电子电路，录像系统、放像系统，家庭用具与配备，家庭自动化，誊印机具等	TM925 TN8 TN949. 7 TN6/7 TN946 TS976. 8/. 9 TS951. 4	F000

11	家庭生活	住宅及居室的陈设、布置、美化、管理、安全、保洁，住宅选择，家庭管理、勤俭持家、家庭理财、家庭簿记，家庭保姆、钟点工、搬家等家政服务，有关家庭生活知识的综合性读物、婚介、婚庆、丧葬、殡仪、摄影冲印等服务技术，家庭生活类通用工具书、系列书、丛书等	TS975　TU8 F719 TU241　J525. 1 B834. 2 X956 有关类 TS976. 1 TS976. 7 TS976. 3 TS976. 39 TS979　TS97 Z2/3 等	F000

7. 综合

序号	类　名	涵 盖 内 容	分类号（CIP 数据Ⅵ.）	架位号
1	百科全书 辞典文集	中国百科全书、类书，综合性普及读物、各国百科全书，综合性词典，丛书文集文摘索引等	Z	G000
2	各类教材	中小学课本（教材）可按学科或年级细分，高校与职校教材可按专业或学科细分，也可入各个专业类名	G624. 1/. 2 及有关学科各类	G000
3	图片与 年历（画）	各类挂图、张贴画，挂历、台历、日历、年历画、年画等，也可按品种或出版社细分	“人大法” 1/17	G000

六、百家专业书店图书营销分类表

1. 时事书店（风云书店）

序号	类　名	分类号（CIP 数据Ⅵ.）	序号	类　名	分类号（CIP 数据Ⅵ.）
1	政治理论	D0	11	外交、国际关系	D80/81
2	当代国际共运	D18　D27	12	中国外交	D82
3	世界政治	D5	13	国际问题	D815
4	中国政治	D6	14	世界热点透视	C913
5	时事政治	D643　D654	15	时事音像期刊	D　C
6	一国两制	D618	16	时代风云人物	K81/83
7	社会学理论	C91	17	工具书系列书	D　C6　H16　H2　H316
8	社会问题	C913　D669	18	资料查询服务	
9	中国社会焦点	D5/7	19		
10	外国社会焦点	D5/7	20		

2. 哲学书店（聪慧书屋）

序号	类名	分类号（CIP 数据Ⅵ.）	序号	类名	分类号（CIP 数据Ⅵ.）
1	马克思主义哲学	B0－0　B01/03	11	道　家	B223
2	哲学流派及其研究	B08	12	古代先哲诸论	B224/229
3	哲学学习与普及	B17　B27 B－49	13	人生哲学	B821　B825 H163.3　I276.7 I277.7　H033
4	世界哲学	B1	14	中外哲学家	K81/83
5	中国古代哲学	B21/24	15	地方哲学	B
6	中国近现代哲学	B25/16	16	工具书系列书	B　H16 H2　H316
7	中国当代哲学	B261/262	17	资料查询服务	
8	外国哲学	B3/7	18		
9	周　易	B221	19		
10	儒　家	B222	20		

3. 理论书店（思想书斋）

序号	类　名	分类号（CIP 数据Ⅵ.）	序号	类　名	分类号（CIP 数据Ⅵ.）
1	马克思、恩格斯著作	A1	11	习近平生平传记	K827
2	列宁著作	A2	12	党和国家领导人生平传记	K827
3	斯大林著作	A3	13	马克思主义的学习和研究	A81/83
4	毛泽东著作	A4	14	毛泽东思想的学习和研究	A84
5	邓小平著作	A49	15	邓小平理论的学习和研究	A849
6	习近平著作	D2－0	16	习近平思想的学习和研究	D641
7	党和国家领导人著作	D2－0	17	党和国家领导人的重要思想	D641
8	马恩列斯生平传记	A71/74	18	著作汇编的学习与研究	A85
9	毛泽东生平传记	A75	19	领袖文学艺术作品	I　J
10	邓小平生平传记	A76	20	工具书与资料查询	A 等

4. 社会书店（人间书店）

序号	类名	分类号（CIP数据Ⅵ.）	序号	类名	分类号（CIP数据Ⅵ.）
1	社会学	C91	11	人口统计学	C921
2	社会发展和变迁	K02　C911	12	人口地理学	C922
3	社会结构和社会关系	C912	13	人口与计划生育	C923
4	社会生活与社会问题	C913　D669	14	各国人口调查与研究	C924
5	世界各国状况	D5/7	15	民族学、文化人类学	C95
6	社会利益	C914	16	中外社会热点透视	C013　D669
7	社会调查和社会分析	C915等	17	中外社会问题专家	K81/83
8	社会工作、管理、规划	C916	18	工具书系列书	C　H16 H2　H316
9	分科社会学	C919等	19	资料查询服务	
10	人口学	C92	20		

5. 法律书店（政法书苑）

序号	类　名	分类号（CIP 数据Ⅵ.）	序号	类　名	分类号（CIP 数据Ⅵ.）
1	法的理论	D90　D920	11	公安工作	D631　D926.8
2	司法制度	D916　D926.1 D926.7	12	国家安全	D631
3	法　院	D926.2	13	权益保护	D9
4	检察院	D926.3	14	案例分析	D920.5 等
5	律师制度	D926.5	15	各国法律	D910 D93/97
6	公证制度	D926.6	16	国际法	D99
7	中国律师文本	D920.9 D921/925	17	中外法律专家	K81/83
8	法律学习研究	D920.1/.5	18	地方法苑	D9
9	犯罪侦查	D917/918	19	法治文苑	I　J
10	法医学	D919　D918.9	20	资料查询服务	

6. 军事书店（军事书局）

序号	类　名	分类号（CIP 数据Ⅵ.）	序号	类　名	分类号（CIP 数据Ⅵ.）
1	军事理论	E0　E20	11	武警部队	E277
2	司令部与政治工作	E21/22　D267.3　D297.3　D64	12	其他部队预备役	E275.9　E279　E28
3	后方勤务	E23　R8　E92　E27	13	军事史各国军事	E29　E1　E3/7
4	军垦、抗灾抢险	E24	14	古代兵法战法	E89
5	国防建设与战备	E25/26	15	军事技术军事工业	E9　TJ　V271　U674
6	合成军	E27	16	军事地形学军事地理学	E99
7	陆　军	E271	17	世界军事热点	E1　E3/7
8	海　军	E273	18	古今中外军事家传	K81/83
9	空　军	E274	19	军事文学艺术	E　I　J
10	火箭军	E275	20	资料查询服务	

7. 经济书店（生产书坊）

序号	类　名	分类号（CIP 数据Ⅵ.）	序号	类　名	分类号（CIP 数据Ⅵ.）
1	经济学	F0　F12 F20　F28/29	11	股票证券	F830.9　F724.5 F832.5
2	农业经济	F3	12	会计审计	F22/23
3	企业管理	F27　F4	13	保险租赁	F84　F830.39
4	贸易经济	F71	14	人力资源管理	F24　F272.92
5	运输经济	F25　F5	15	服务业	F719　R155 TS972.2/.3
6	旅游经济	F59	16	国际经济	F11　F13/17 F73/75
7	信息产业	F6　F49	17	地方经济	F
8	房产物业	F293.2/.3 F301	18	企业与企业家传记	F279.26 F279.29　K81/83
9	广告业	F713.7/.8	19	工具书 系列书	D9　F H16　H2　H316
10	财税金融	F81/83	20	资料查询服务	

8. 农业书店（金土地书苑）

序号	类　名	分类号（CIP 数据Ⅵ.）	序号	类　名	分类号（CIP 数据Ⅵ.）
1	农业经济理论	F30　F301/306	11	农作物	S5
2	农林部门经济	F307	12	园　艺	S6
3	中国农业经济	F32	13	林　业	S7
4	特殊农业经济	F327	14	畜　牧	S8
5	世界农业经济	F31　F33/37	15	水产渔业	S9
6	中国农业经济地理	F329. 9	16	地方特色农业	S
7	农业基础科学	S　S1	17	农民致富丛书	S　I　J
8	农业工程	S2	18	中外农业专家	K81/83
9	农艺学	S3	19	工具书 系列书	D9　S H16　H2　H316
10	植物保护	S4	20	资料查询服务	

9. 工业书店（企业书坊）

序号	类　名	分类号（CIP 数据Ⅵ.）	序号	类　名	分类号（CIP 数据Ⅵ.）
1	企业经济	F270/272.5	11	工业技术现状与发展	T－1
2	企业管理	F272.9 F273/275	12	工程技术人员	T－2　T－6
3	各种企业经济	F276	13	著名企业	F279.26 F279.29
4	世界各国企业经济	F279　F41	14	企业家	K81/83
5	工业经济理论	F40	15	企业文化	T　I J　D9
6	工业部门经济	F407	16	工具书 系列书	T　F H16　H2　H316
7	中国工业经济	F420/426	17	资料查询服务	
8	特殊工业经济	F427	18		
9	人力资源管理	F24　F272.92	19		
10	工业技术理论	T－0	20		

10. 信息书店（网络书社）

序号	类　名	分类号（CIP 数据Ⅵ.）	序号	类　名	分类号（CIP 数据Ⅵ.）
1	信息与知识传播	G20	11	读者工作 听众与观众	G233 G252　G235
2	信息产业经济	F49	12	博物馆	G26
3	信息理论	G201	13	档　案	G27
4	信息处理技术	G202	14	情　报	G35
5	信息资源及其管理	G203	15	各国信息事业	G219　G229 G239　G259
6	传播理论	G206	16	计算机网络	TP393
7	新　闻	G21	17	信息产业人物	K81/83
8	广播电视	G22	18	信息文化	I　J G2　F
9	出版发行	G23	19	工具书 系列书	D9　G2 H16　H2　H316
10	图书馆	G25	20	资料查询服务	

11. 交通书店（红绿灯书店）

序号	类　名	分类号（CIP 数据Ⅵ.）	序号	类　名	分类号（CIP 数据Ⅵ.）
1	交通运输经济	U－9　F5　U11	11	航空运输	U8　V2
2	综合运输	U1	12	世界各国交通运输	U　V
3	铁路运输	U2	13	交通运输文化	U　V　I　J　D9
4	旅客运输	U293	14	著名运输企业	F279.26　F279.29
5	公路运输经济	F54	15	交通运输企业家	K81/83
6	道路工程 机动车工程	U41/47	16	工具书	U　V　H16　H2　H316
7	驾驶员	U471	17	系列书	U　V
8	其他道路运输	U48	18	资料查询服务	
9	交通工程与管理	U49	19		
10	水路运输	F55　U65/66　U675/676	20		

12. 财贸书店（商海书港）

序号	类　名	分类号（CIP 数据Ⅵ.）	序号	类　名	分类号（CIP 数据Ⅵ.）
1	财政理论	F81	11	服务业	F719
2	国内贸易经济理论	F72	12	各国贸易经济	F73
3	商品流通	F713	13	国际贸易理论与方法	F740
4	市　场	F713.5	14	国际贸易组织	F743/744
5	经纪人	F713.6	15	海关及关税	F752.5
6	商品陈列布置	F713.7	16	贸易法规	D9
7	商业广告	F713.8　J524	17	商业文化	I　J
8	商业企业组织与管理	F715	18	商业巨头	K81/83
9	各种商业企业	F717	19	工具书 系列书	F　H16 H2　H316
10	商业工作者	F718	20	资料查询服务	

13. 金融书店（银行书局）

序号	类　名	分类号 （CIP 数据Ⅵ.）	序号	类　名	分类号 （CIP 数据Ⅵ.）
1	货币理论	F820	11	中国货币金融 政策与改革	F832.1
2	世界货币	F821	12	金融文化	F　I　J
3	中国货币	F822	13	银行家	K81/83
4	货币收藏	F894	14	工具书	F　H16 H2　H316
5	金融 银行理论	F830	15	系列书	F
6	世界金融银行	F831	16	资料查询服务	
7	中国金融银行	F832	17		
8	各国金融组织	F833/837	18		
9	金融市场	F831.5	19		
10	金融史 银行史	F831.9 F832.9	20		

14. 保险书店（护寿安业书店）

序号	类　名	分类号（CIP 数据Ⅵ.）	序号	类　名	分类号（CIP 数据Ⅵ.）
1	保险理论	F840	11	农业森林 工商工程保险	F840.6　F842
2	保险组织管理	F840.3	12	金融信贷保险	F840.6　F842
3	保险业务	F840.4	13	涉外保险	F840.6　F842
4	保险 推销员实务	F840.4	14	世界保险业	F841
5	劳动保险	F840.6　F842	15	中国保险业	F842
6	社会保险	F840.6　F842	16	各国保险业	F843/847
7	人身医疗保险	F840.6　F842	17	保险达人	K81/83
8	交通运输保险	F840.6　F842	18	保险文化	I　J
9	灾害保险	F840.6　F842	19	工具书 系列书	F　H16 H2　H316
10	财产保险	F840.6　F842	20	资料查询服务	

15. 股彩书店（牛市书社）

序号	类　名	分类号（CIP 数据Ⅵ.）	序号	类　名	分类号（CIP 数据Ⅵ.）
1	金融证券市场理论	F830.9	11	博彩技巧	F719.52
2	股票发行上市知识	F832.51	12	经典实例	F
3	股票市场	F832.91	13	股彩人物	K81/83
4	炒股技巧	F832.91	14	股彩报刊	F
5	交易所经纪人	F832.5	15	股彩文化	I　J
6	期货市场	F724.5 F832.5　F830.93	16	工具书	F　H16 H2　H316
7	期货动作技巧	F724.5 F832.5　F830.9	17	系列书	F
8	债务知识	F830.81	18	资料查询服务	
9	债券买卖技巧	F830.81	19		
10	彩票知识	F719.52	20		

16. 理财书店（会计书屋）

序号	类名	分类号（CIP 数据Ⅵ.）	序号	类名	分类号（CIP 数据Ⅵ.）
1	会计学	F230	11	交通运输会计 旅游行业会计	F506.72 F590.66
2	会计簿记方法	F231	12	邮电行业会计 商业外贸会计	F606.6　F715.51 F740.45
3	会计设备	F232	13	房地产业会计 文化企业会计	F293.33 G　J 各类
4	会计工作 组织与制度	F233	14	其他会计	F
5	会计实务	F234.1/.4	15	领导干部 看报表	F231.6
6	国际会计	F233　F234.5	16	会计学习考试	F　G
7	国家机关会计	F810.6	17	会计精英	K81/83
8	企业会计	F275.2	18	会计文化	I　J
9	金融保险会计 基本建设会计	F8 各类 F2 各类	19	工具书 系列书	F　H16 H2　H316
10	农业会计 工业会计	F302.6 F406.72	20	资料查询服务	

17. 服务业书坊（三产书店）

序号	类　名	分类号（CIP 数据Ⅵ.）	序号	类　名	分类号（CIP 数据Ⅵ.）
1	服务业总论	F719	11	饮食调制	TS972. 1
2	旅馆业	F719. 2	12	饮食设备	TS972. 2
3	餐饮业	F719. 3	13	饮食管理	TS972. 3 R15
4	娱乐业	F719. 5　G248	14	美容沐浴 健美保洁技术	TS974　R161 G883　G813. 3
5	美容理发业	F719. 9	15	按摩技术	R244/. 4
6	按摩业	F719. 9	16	服务业广告	F713. 7/. 8
7	浴堂业	F719. 9	17	服务业文化	I　J
8	其他服务业	TS973 TS976. 8	18	服务业明星	K81/83
9	服务员素质	F718	19	工具书 系列书	F　H16 H2　H316
10	服务礼仪	F718	20	资料查询服务	

18. 传统文化书店（文明书屋）

序号	类　名	分类号（CIP 数据Ⅵ.）	序号	类　名	分类号（CIP 数据Ⅵ.）
1	文化理论	G0　G02　G05 G09　K1/7	11	对外文化交流	G125
2	文化民族性	G03/04　G07	12	中外文化名人	K81/83
3	优秀传统文化	B2　C95　K85 K89　R2	13	群众文化 工作与方法	G240　G249. 27 G249. 20/. 23 G241. 1/. 2
4	易　学	B221	14	群众文化活动	G241. 3/. 4 G247
5	儒家道家	B222　B223	15	群众文化场所	G242/246
6	墨家法家	B224　B226	16	各国群众文化 事业与活动	G249. 1　G249. 26 G249. 3/. 7
7	其他诸子百家	B225　B227/229	17	文化作品	G　I J　D9
8	文化市场	G124	18	工具书	G　H16 H2　H316
9	各国文化概览	G11　G13/17	19	系列书	G
10	国际文化 事业与组织	G113 G115/117	20	资料查询服务	

19. 新闻书店（快讯书局）

序号	类　名	分类号（CIP 数据Ⅵ.）	序号	类　名	分类号（CIP 数据Ⅵ.）
1	传播理论	G206	11	对外新闻工作交流	G219/219.19 G219.26 G219.3/.7
2	新闻学	G210	12	广播电视	G22
3	新闻工作的组织和管理	G211	13	广电工作者	G224
4	新闻采访	G212.1	14	对外广电工作交流	G229
5	新闻写作	G212.2	15	新闻明星	G　J　I K81/83
6	编辑工作	G213	16	新闻的文艺作品	I　J
7	新闻工作者	G214	17	新闻器材	T
8	报纸出版发行	G215/216	18	工具书	G　H16 H2　H316
9	新闻摄影	J419.1　J42 TB8　G218	19	系列书	G
10	中国新闻事业	G219.2/.29	20	资料查询服务	

20. 科普书店（科技书馆）

序号	类　名	分类号（CIP 数据Ⅵ.）	序号	类　名	分类号（CIP 数据Ⅵ.）
1	科　学	G3　N0	11	少儿科普	N49
2	科学研究概论	G30	12	未知世界	N49
3	科学发明发现	G305/307　N1	13	反伪科学 科普先锋	N49　K81/83
4	科研工作	G331/335　N3	14	科学前沿	N 等
5	科学工作者	G316　I K81/83	15	科学考察 自然历史	N8　N91
6	中国科研事业	G322 N09　N2	16	世界各国 科学事业	G32　N20 N23/29
7	自然科学教育	N4　G623/624 G633/634	17	自然科学 丛书期刊	N5　N
8	科普读物	N49	18	自然科学 工具书	N6　G257.36 G257.5
9	科幻读物	N49	19	科学文艺	G2　N　I　J
10	少儿百科	N49	20	资料查询服务	

21. 高科技书店（前沿书店）

序号	类　名	分类号（CIP 数据Ⅵ.）	序号	类　名	分类号（CIP 数据Ⅵ.）
1	科学研究	G3	11	天文学 地球科学前沿	P
2	未来学	G303	12	生物科学前沿	Q
3	科学发明发现	G305　N9	13	生物技术	Q
4	科学事业史	G321. 9　G322. 9	14	农业科学前沿	S
5	自然科学总论	N	15	医药卫生前沿	R
6	学派与学说	N06	16	攻克癌症	R
7	自然科学史	N09	17	防治新冠肺炎	R
8	自然科学 现状与发展	N1	18	工业技术前沿	T
9	数理科学与 化学前沿	O	19	微电子与 计算机技术	TP
10	纳米技术	O	20	信息时代 的通信技术	TN

21	新材料技术	T	31	科研文艺	N I J T
22	激光技术	O	32	工具书	N T H16 H2 H316
23	航天技术与 空间资源开发	V	33	系列书	N T
24	武器工业前沿	TJ	34	资料查询服务	
25	能源动力与 原子能前沿	TK TL	35		
26	环境保护前沿	X	36		
27	交通运输前沿	U	37		
28	高科技 普及读物	N49 T	38		
29	科技期刊	N49 T	39		
30	科技精英	K81/83	40		

22. 标准化书店

序号	类　名	分类号（CIP 数据Ⅵ.）	序号	类　名	分类号（CIP 数据Ⅵ.）
1	社科类名词术语与百科全书	C61　Z2	11	表解图解谱录公式数据图册	N64
2	手册名录指南一览表、年表	C62	12	条例规程标准（2）	N65
3	目录样本与说明书	C63	13	统计资料（2）	N66
4	表解图解图册公式数据地图	C64	14	参考资料（2）	N67
5	条例规程标准（1）	C65	15	工程师手册与技术手册	T-62
6	统计资料（1）	C66	16	产品目录样本	T63
7	参考资料（1）	C67	17	工业规程规范	T-652.6 T-653/657
8	自科类名词术语与百科全书	N61	18	工业标准	T-651/652.4
9	手册名录指南一览表、年表	N62	19	标准化期刊	C　N　T
10	目录样本和说明书	N63	20	工具书资料查询服务	C　N　T　H16 H2　H316

23. 教育书店（教师书房）

序号	类　名	分类号（CIP 数据Ⅵ.）	序号	类　名	分类号（CIP 数据Ⅵ.）
1	教育学	G40	11	学前教育 幼儿教育	G61
2	思政教育德育	G41	12	初等教育	G62
3	教学理论	G42	13	中等教育	G63
4	电化教育	G43	14	高等教育	G64
5	教育心理学	G44	15	其他教育	G65/77
6	教师与学生	G45	16	家庭教育	G78
7	教育行政 教育管理	G46/47	17	自　学	G79
8	学校建筑和设备	G48	18	教育名家	G　K81/83
9	世界教育事业	G51 G53/57	19	教育文化	I　J　G
10	中国教育事业	G52	20	工具书 资料查询服务	G　H16 H2　H316

24. 大学书店

序号	类　名	分类号（CIP 数据Ⅵ.）	序号	类　名	分类号（CIP 数据Ⅵ.）
1	高等教育理论	G640	11	留学教育 互派教授	G648.9
2	思政教育德育	G641	12	世界高教概况	G649.1 G649.3/.7
3	教学理论教学法	G642	13	中国高教概况	G649.2
4	毕业论文 与毕业设计	G642.477	14	高等教育史	G649.29
5	高教自考	G726.9	15	中外高教名人	K81/83
6	教研室工作	G642.8	16	校园文化	I　J
7	研究生教育	G643	17	扩大事业读物	G　K　I　N
8	科学研究工作	G644	18	高教文艺作品	G　I　J
9	教师与学生 学校与社会	G645/646	19	系列书 工具书	G　H16 H2　H316 等
10	学校管理 各类高校	G647/648	20	资料查询服务	

25. 中学书店

序号	类　名	分类号（CIP 数据Ⅵ.）	序号	类　名	分类号（CIP 数据Ⅵ.）
1	中等教育理论	G63　G630	11	世界各国中等教育	G639. 1 G639. 3/. 7
2	思政教育德育	G631	12	校园生活	I　J
3	教学理论教学法	G632	13	课外阅读	I　J
4	各科教学法 教学参考书	G633	14	中教名人	K81/83
5	教材教辅	G634	15	中教文艺作品	G　I　J
6	教师与学生	G635	16	中学工具书	G　H16 H2　H316 等
7	学校与家庭 学校与社会	G636	17	中学系列书	G
8	学校管理	G637	18	资料查询服务	
9	各类中等学校	G638. 1/. 3 G718	19		
10	中国中等 教育概况	G639. 2	20		

26. 小学书店

序号	类　名	分类号（CIP 数据Ⅵ.）	序号	类　名	分类号（CIP 数据Ⅵ.）
1	初等教育理论	G620	11	世界各国初等教育	G629.1 G629.3/.7
2	思政教育德育	G621	12	少儿百科	Z　G　I N 等
3	教学理论 教学法	G622	13	课下阅读	I
4	各科教学法 教学参考书	G623	14	初教名家	K81/83
5	课本教参	G624	15	初教文艺作品	G　I　J
6	教师与学生	G625	16	小学工具书	G　H16 H2　H316 等
7	学校与家庭 学校与社会	G626	17	小学系列书	G
8	学校管理	G627	18	资料查询服务	
9	各类小学	G628	19		
10	中国初等 教育概况	G629.2	20		

27. 学习书店（寒窗书屋）

序号	类　名	分类号（CIP 数据Ⅵ.）	序号	类　名	分类号（CIP 数据Ⅵ.）
1	学习心理学	G442	11	校园生活 学习达人	I　J K81/83
2	学生心理学	G444	12	音像期刊	G
3	青少年心理学	B844. 2	13	课外阅读	G　I　J 等
4	学科心理学	G447	14	工具书	G　H16 H2　H316 等
5	教育心理 测验与评估	G449　R179	15	系列书	G
6	学　生	G445	16	资料查询服务	
7	学生组织	G455. 7　D43	17		
8	师生关系	G456	18		
9	三观教育	G412	19		
10	有关法规	D922. 183 D912. 7 D922. 16 等	20		

28. 收藏书店（古玩书坊）

序号	类　名	分类号（CIP 数据Ⅵ.）	序号	类　名	分类号（CIP 数据Ⅵ.）
1	文物考古	K85	11	各国文物考古	K883/887
2	古文献学	G256. 1 G256. 22	12	私人收藏	G894
3	纹章学	K853	13	集　邮	G894. 1
4	考古调查 发掘方法	K854. 1	14	图书收藏	G823
5	古物鉴定 保管修复	K854. 2 G264	15	各类收藏史	
6	中国文物考古	K87	16	历史知识 法律知识	K　D9
7	出土文物图录	K873	17	收藏文化	K　G　I　J
8	民族文物考古	K874	18	收藏家	K81/83
9	用品材料 器物考古	K875/876	19	收藏用工具书	G　K
10	书契绘画 雕塑考古	K877　J2 K879. 3/. 4	20	资料查询服务	

29. 体育书店（奥林匹克书店）

序号	类　名	分类号（CIP 数据Ⅵ.）	序号	类　名	分类号（CIP 数据Ⅵ.）
1	体育理论	G80	11	其他体育运动	G87
2	体育伦理学	G803	12	棋类牌类台球	G891/893
3	体育基础科学	G804　R8	13	旅行狩猎 钓鱼游戏	G895/898 S86
4	体育锻炼 体育教育	G806/807 G61/64	14	信鸽斗鸡	G899
5	中国体育事业	G812	15	保健运动	R16
6	世界各国 体育事业	G81　G811 G813/817	16	体育明星	I　K81/83
7	运动场地与设备	G818　TU245 TS952　TS941. 734	17	体育文化	I　J　G
8	体育运动技术	G819	18	体育期刊图片	G
9	田径体操 球类水上	G82/84　G86	19	工具书 系列书	G　H16 H2　H316 等
10	武术及民族体育	G85	20	资料查询服务	

30. 休闲书店（轻松书园）

序号	类名	分类号（CIP 数据Ⅵ.）	序号	类名	分类号（CIP 数据Ⅵ.）
1	休闲理论	G80	11	家庭宠物	S815　TS976.38　B843.2
2	体育运动美学	G802	12	保健养生	R16/17　R214　R17　G804.3
3	旅行旅游	G895　F590	13	烹饪食谱	TS971/972　R15
4	狩猎钓鱼	G896　S86　D9　G891	14	创造发明	G305
5	游　戏	G899	15	家庭生活与小制作	TS97　F293.2/.3　F719　TS973.5　J525　B834　TU24　X956　TU8
6	信鸽斗鸡	G899	16	艺术体育欣赏	G8　J0　J20/90　J292.2/.3
7	棋牌乐	G891/892	17	群众文化休闲明星	G247　J　K81/83
8	收藏集邮	G894	18	音像期刊	G
9	美容美体	TS974　G831.3	19	休闲大全及工具书	G　H16　H2　H316
10	花鸟虫鱼	S8　S6	20	资料查询服务	

31. 家长书店（父母书店、亲子书厅、育才书园）

序号	类名	分类号（CIP 数据Ⅵ.）	序号	类名	分类号（CIP 数据Ⅵ.）
1	家庭教育名家观点	G78	11	少儿卫生	R161.5 R194.3 R179 G478.4
2	家长知识教育知识	G459 G40 G47	12	少儿营养	R153.2 TS972.162
3	青少年心理学	B844.2 B848	13	青春期卫生	R167 G479
4	学生心理学	G444	14	家庭管理权益保护	B823.1 C913.11 G40－052.4 D922.16
5	儿童心理学	B844.1	15	人生哲学	B821 B825 I277.7 H136.3 I276.7 H033
6	教育学社会心理学	G446 C912.6	16	亲子教育	G623.22/.23 R714.5
7	教育心理辅导	G448	17	名人家教	K81/83
8	教育心理测验评估	G449	18	家庭书房	G I 等
9	儿童智商标准	R179	19	家长大全音像期刊	G Z
10	学生组织	G455 D43	20	资料查询服务	

32. 学生书店（学子书房）

序号	类　名	分类号（CIP 数据Ⅵ.）	序号	类　名	分类号（CIP 数据Ⅵ.）
1	学生与学生组织	G455　G455.7	11	励　志	B848.4
2	师生关系	G456	12	青少年权益保护	D922.16
3	读书方法 学习方法	G791/792	13	时事政治	D6
4	教材与参考书	G62/72	14	艺术欣赏	J
5	青少年心理学	B844.2　B848	15	中外名著	I
6	学生心理学	G444	16	中外名人传记	K81/83
7	青春期卫生	R167　G479	17	百科知识	Z
8	青少年卫生	R161.5　R179 R194.3　R478.4	18	校园文学 校园歌曲	I　J
9	儿童营养	R153.2 TS972.162	19	学生用工具书	G　H16 H2　H316
10	人生哲学	B821　B825 I277.7　H136.3 I276.7　H033	20	资料查询服务	

33. 考试书店

序号	类 名	分类号（CIP 数据Ⅵ.）	序号	类 名	分类号（CIP 数据Ⅵ.）
1	考试理论	G424.74	11	自学考试 考试达人	G79 G726.9 K81/83
2	学籍管理	G424.7/.71	12	其他教育考试	G74/77
3	考试评分办法	G424.75	13	考试音像期刊	G
4	试 题	G424.79	14	外语考试	H310.4 H319.6 H32/37 H4/95
5	初等教育考试	G622.47	15	干部培训 公务员考试	G726 C975 D630.3
6	中等教育考试	G632.47	16	职业考试	F G C913
7	高等教育考试	G642.47	17	艺术考试	J
8	师范教育考试	G652	18	工具书	G H16 H2 H316
9	职业技术 教育考试	G712	19	系列书	G
10	成教业余 教育考试	G722.2	20	资料查询服务	

34. 汉语书店（中文书馆）

序号	类　名	分类号（CIP 数据Ⅵ.）	序号	类　名	分类号（CIP 数据Ⅵ.）
1	汉　语	H1　H1－01 H109.2/.4	11	特种文字	H126
2	汉语发展史 汉语言学史	H1－09	12	汉字编码	H127
3	汉语规范标准 与推广普通话	H102	13	语义词汇词义	H13
4	语　音	H111/116	14	古代词汇	H131
5	朗诵法 演讲术	H019　J812.3 C912.3　H119	15	近代词汇	H134
6	文字学 甲骨文	H12　H121 K877　H028	16	现代词汇	H136
7	汉字的构 造与形体	H122/123 J292	17	熟语俗语	H136.3/.7
8	汉字的整 理与简化	H124	18	词源学	H139
9	汉字改革	H125	19	语　法	H14
10	拼音读物	H125.4	20	写作修辞	H15

21	文体大全	H152	31	字书字典词典	H16 H2　H316
22	翻　译	H159	32	资料查询服务	
23	方　言	H17	33		
24	汉语教学	H191/193	34		
25	儿童语言研究	H193. 1 G613. 2	35		
26	汉语读物	H194	36		
27	中小学生 作文选	H194. 4/. 5	37		
28	对外汉语教学	H195	38		
29	汉语名家	K81/83	39		
30	汉语音像期刊	H	40		

35. 写作书店（爬格子书房）

序号	类　名	分类号（CIP 数据Ⅵ.）	序号	类　名	分类号（CIP 数据Ⅵ.）
1	文章学与语言修辞	H05　H15	11	行政文书写作	C931.46
2	风格论文体论	H051/052 H151/152	12	中小学作文指南	G62/63
3	记叙论说文抒情散文应用文	H152.1/.3	13	中小学作文选	H194
4	标点法	H055　H155 H141	14	写作考试 写作达人	G62/64　K81/83
5	韵律学与诗词格律	H058　H014 I207.21	15	少数民族语言写作	H211/289
6	综合文体大全	H152	16	英语写作	H315
7	文学创作方法	I04	17	其他外语写作	H32/37 H4/95
8	新闻写作方法	G212.2	18	中外名著范本	I2　I1 I3/7
9	传记写作方法	K810.1	19	工具书 系列书	H　G　H16 H2　H316
10	司法文书写作	D916.1	20	资料查询服务	

36. 外语书店（友谊书局）

序号	类　名	分类号（CIP 数据Ⅵ.）	序号	类　名	分类号（CIP 数据Ⅵ.）
1	英　语	H31　H310.9	11	英语教学（中小学）	H319 G6　H31
2	非标准英语	H310.1	12	英语教学（中专以上）	H319 G6　H31
3	英语水平考试	H310.4	13	英语读物	H319.4
4	中国英语水平考试	H310.42	14	英语习题试题	H319.6
5	英语语言	H311	15	英语会话	H319.9
6	英语文字 语义词汇词义	H312/313 H317	16	法　语	H32
7	英语语法	H314	17	德　语	H33
8	英语写作修辞	H315	18	西班牙语	H34
9	英语翻译	H315.9	19	俄　语	H35
10	多种英语词典	H316	20	日　语	H36

21	阿拉伯语	H37	31	印欧语系	H7
22	汉藏语系	H4	32	非洲诸语言	H81
23	阿尔泰语系	H5	33	美洲诸语言	H83
24	南亚语系	H61	34	大洋洲诸语言	H84
25	南印语系	H62	35	国际辅助语等	H9
26	南岛语系	H63	36	外语名家	K81/83
27	东北亚诸语言	H64	37	工具书	H
28	高加索语系	H65	38	系列书	H
29	乌拉尔语系	H66	39	资料查询服务	
30	闪－含语系	H67	40		

37. 原版书店（Original Bookstore）

序号	类　名	Class name	序号	类　名	Class name
1	英语文学读物	English Literature	11	汉藏阿尔泰与南亚南印南岛	Han Zang Altai and South Indian Island in South Asia
2	英语哲学社科读物	English Philosophy Social science books	12	东北亚高加索乌拉尔闪-含	North East Asia Caucasus Uralshan
3	英语科技读物	English science and technology books	13	印欧语系读物	Indo European reading
4	英语词典与工具书	English Dictionary And reference books	14	非洲诸语言读物	Africa Language reading
5	法语读物	French reading	15	美洲诸语言读物	America Language reading
6	德语读物	German reading	16	大洋洲诸语言读物	Oceania Language reading
7	西班牙语读物	Spanish reading	17	国际辅助语读物	International assistance Language reading materials
8	俄语读物	Russian reading	18	原版工具书	Original reference book
9	日语读物	Japanese reading materials	19	原版系列书	Original series
10	阿拉伯语读物	Arabic reading	20	资料查询服务	Information inquiry service

38. 广告书店（广告人书房）

序号	类　名	分类号（CIP 数据Ⅵ.）	序号	类　名	分类号（CIP 数据Ⅵ.）
1	广告理论与方法	F713.8/.80	11	市场管理知识	F713.56/.58
2	广告艺术	J524.3　TB48 F760.3/.5	12	公共关系传播理论	C912.3　G206
3	影视广告	J959	13	广告写作	H05　H15
4	广告音乐	J60/61　J69	14	计算机广告制作	TP37/39
5	摄影广告	J412.9	15	城市美学	B834.2
6	表演广告	J827	16	风俗习惯	K89
7	广告策划与制作	F713.81 C932	17	广告法律	D9
8	广告管理	F713.82	18	著名广告人	K81/83
9	市场调研	F713.83　G35 F713.51/.54　C915	19	工具书音像期刊	F　G
10	商业心理学市场心理学	F713.55　C912.6 B920	20	资料查询服务	

39. 文学书店（文学书社）

序号	类　名	分类号（CIP 数据Ⅵ.）	序号	类　名	分类号（CIP 数据Ⅵ.）
1	文学理论	I0－02/－05 I02	11	外国电影电视广播戏剧	I135　I3/7
2	美　学	I01	12	外国小说	I14　I3/7
3	作　家	I03	13	外国报告文学	I15　I3/7
4	文学创作论	I04　H05 H059	14	外国散文杂著	I16　I3/7
5	各种文学理论与创作方法	I05	15	外国民间文学	I17　I3/7
6	文学评论 文学欣赏	I06　I1/7	16	中国散文杂著及评论和研究	I207.6　I26
7	世界文学作品评论和研究	I106　I3/7	17	中国民间文学及评论和研究	I207.7　I27
8	中外文学流派	I109　I106	18	中国儿童文学及评论和研究	I207.8　I28
9	外国诗歌	I12　I3/7	19	中国少数民族文学及评论和研究	I207.9　I29
10	外国戏剧文学	I13　I3/7	20	中外文学史 文学思想史	I109　I209

21	鲁迅著作及其评论研究	I210	31	中国文学事业	I2　I200
22	中国诗歌韵文	I22　I207.2	32	中国文学评论和研究	I206
23	中国戏剧文学	I23 I207.309/.38	33	《红楼梦》研究和评论	I207.411
24	中国曲艺	I239　I207.39	34	《水浒》研究和评论	I207.412
25	中国古代至近代小说	I242　I207.4	35	《三国演义》研究和评论	I207.413
26	中国现代小说	I246	36	《金瓶梅》等古代小说研究评论	I207.419
27	中国当代小说	I247	37	中外文学巨匠	K81/83
28	中国报告文学	I25　I207.5	38	文学音像期刊	I
29	外国儿童文学	I18　I3/7	39	工具书 系列书	I　H16 H2　H316
30	外国民族文学	I19　199 I3/7	40	资料查询服务	

40. 传记书店（名人书厅）

序号	类名	分类号（CIP 数据Ⅵ.）	序号	类名	分类号（CIP 数据Ⅵ.）
1	传记的研究与编写	K810/810－1	11	经济人物	K825. 3
2	谱系学与氏族谱系	K810. 2　K819 K820. 9	12	文化教育体育人物	K825. 4
3	国际共运领袖的传记与生平	A7　K827	13	语言文字学家	K825. 5
4	党和国家领导人传记与生平	A7　K827	14	文学家	K825. 6
5	世界综合人物传记	K811　K833/837	15	艺术家	K825. 7
6	中国综合人物传记	K82	16	历史地理学家	K825. 8
7	哲学社会科学人物	K825. 1	17	科学家	K826. 1/. 16
8	宗教人物	B9	18	医学卫生专家	K826. 2
9	法律人物	K825. 19	19	农林牧渔专家	K826. 3
10	军事人物	K825. 2	20	社会政治人物	K827

21	工人农民	K828.1	31	中国人物传记参考工具书	K82－6/－64
22	公务员	K828.2	32	人物文学作品	I
23	个体劳动者	K828.3	33	人物艺术作品	J
24	青年、学生	K828.4	34	人物音像期刊	K　J　I
25	妇　女	K828.5	35	其他工具书	H16 H2　H316
26	残疾人	K828.6	36	资料查询服务	
27	种族民族人物	K828.7	37		
28	华　侨	K828.8　K833/837	38		
29	其他人物	K828.9	39		
30	世界人物传记参考工具书	K811－6/－64	40		

41. 美术书店（维纳斯书坊）

序号	类　名	分类号（CIP 数据Ⅵ.）	序号	类　名	分类号（CIP 数据Ⅵ.）
1	绘画艺术总论	J20－02/05	11	风俗社会生活人物肖像题材	J211.24/.25
2	绘画美学	J201	12	风景山水静物花卉鸟兽题材	J211.26/.29
3	绘画艺术基本问题	J202	13	中国画技法	J212
4	绘画工作者	J203	14	油画技法	J213
5	绘画创作方法	J204	15	素描速写技法	J214
6	绘画评论欣赏	J205	16	水彩水粉技法	J215
7	绘画造型艺术	J206	17	粉画蜡笔技法	J216
8	中外绘画艺术史	J209/209.9	18	版画技法	J217
9	绘画一般技法	J21/211 J211.2	19	其他画技法	J218/219
10	政治军事经济文化历史题材	J211.21/.23	20	中国绘画作品综合集	J221

21	中国画作品	J222	31	绘画教学用书	G J2
22	油画作品	J223 J233	32	绘画工具书	J2
23	素描速写作品	J224 J34	33	资料查询服务	
24	水彩水粉作品	J225 J235	34		
25	粉画蜡笔作品	J226 J236/237	35		
26	版画作品	J227	36		
27	其他绘画	J228/229 J232 J238/239	37		
28	各国绘画 作品综合集	J231	38		
29	中外著名 画家传记	K81/83	39		
30	绘画音像期刊	J2	40		

42. 音乐书店（五线谱书苑）

序号	类　名	分类号（CIP 数据Ⅵ.）	序号	类　名	分类号（CIP 数据Ⅵ.）
1	音乐理论	J60	11	弹拨乐理论与演奏法	J623
2	音乐技术理论与方法	J61	12	键盘乐簧乐理论与演奏法	J624
3	作曲理论	J614	13	打击乐理论和演奏法	J625
4	指　挥	J615	14	器乐合奏理论和演奏法	J627
5	声乐理论	J616	15	电子乐器	J628
6	戏剧音乐理论	J617	16	中国民族吹奏乐理论和演奏法	J632. 1
7	舞蹈音乐理论	J618	17	中国民族弦乐理论和演奏法	J632. 2
8	音乐工艺学	J619　TS953	18	中国民族弹拨乐理论和演奏法	J632. 3
9	西洋管乐理论与演奏法	J621	19	中国民族打击乐理论和演奏法	J632. 5
10	西洋弦乐理论与演奏法	J622	20	民族乐器合奏理论和演奏法	J632. 6 J658

21	地方器乐合奏理论和演奏法	J632. 7	31	戏剧音乐配乐音乐曲谱	J643　J653
22	各民族音乐	J633/637	32	曲艺音乐乐曲	J644　J654
23	宗教器乐理论与演奏法	J639　J659	33	舞蹈乐曲	J645　J655
24	中国音乐作品综合集	J641	34	管乐独奏曲	J647. 1
25	歌　曲	J642	35	西洋弦乐曲	J647. 2
26	戏剧电影歌曲	J642. 4	36	弹拨乐曲	J647. 3
27	艺术歌曲	J642. 5	37	键盘簧乐器曲	J647. 4
28	儿童歌曲	J642. 6	38	打击乐曲	J647. 5
29	古代歌曲	J642. 7	39	器乐合奏曲	J647. 6 J657
30	宗教歌曲	J642，8	40	军礼乐曲	J647. 65

41	电子乐曲	J647.7	51	指挥家	K81/83
42	民族器乐 吹奏乐曲	J648.1	52	作曲（词）家	K81/83
43	民族弓弦乐曲	J648.2	53	中国歌星	K82
44	民族弹拨乐曲	J648.3	54	外国歌星	K83
45	民族打击乐曲	J648.5	55	音乐期刊	J6
46	民族器乐 合奏曲	J648.6	56	工具书	J　H16 H2　H316
47	地方性器乐曲	J649	57	资料查询服务	
48	各国音乐 作品综合集	J651/652	58		
49	音乐事业	J69	59		
50	器乐大师	K81/83	60		

43. 摄影书店（瞬间艺术书苑）

序号	类　名	分类号（CIP 数据Ⅵ.）	序号	类　名	分类号（CIP 数据Ⅵ.）
1	摄影技术理论	TB8/81	11	摄影美学评论欣赏	J401/405
2	摄影光学	TB811	12	各种摄影艺术	J41
3	摄影化学	TB812	13	中国摄影艺术作品综合集	J421
4	摄影技术	TB82	14	各种摄影艺术作品	J422/429.9
5	感光材料	TB84　TQ57	15	世界各国摄影艺术作品	J43
6	摄影机具与设备	TB85	16	中外摄影艺术家	K81/83
7	各种摄影技术	TB86	17	摄影音像期刊	J4
8	洗印技术	TB88	18	工具书	J4　H16 H2　H316
9	摄影技术应用	TB89	19	系列书	J4
10	摄影艺术理论	J4/40	20	资料查询服务	

44. 书法书店（兰亭书堂）

序号	类名	分类号（CIP 数据Ⅵ.）	序号	类名	分类号（CIP 数据Ⅵ.）
1	中国汉字书法理论	J292.1	11	隋唐书法	J292.24
2	毛笔字	J292.11	12	宋元书法	J292.25
3	硬笔字	J292.12	13	明清书法	J292.26
4	美术字	J292.13	14	近代书法	J292.27
5	少数民族文字	J292.14	15	现代书法	J292.28
6	拼音文字	J292.15	16	篆书书法	J292.31
7	书法材料工具的使用与保管	J292.19	17	隶书书法	J292.32
8	碑帖	J292.2－5/21	18	楷书书法	J292.33
9	秦汉书法	J292.22	19	草书书法	J292.34
10	魏晋南北朝书法	J292.23	20	行书书法	J292.35

21	篆刻理论	J292.4	31		
22	篆刻法	J292.41	32		
23	历代印谱	J292.42/.47	33		
24	外文书法	J293	34		
25	书法篆刻名家	K81/83	35		
26	书法篆刻 音像期刊	J2	36		
27	书法篆刻 培训材料	J2	37		
28	工具书	J2　H16 H2　H316	38		
29	系列书	J2	39		
30	资料查询服务		40		

45. 影视书店

序号	类　名	分类号（CIP 数据Ⅵ.）	序号	类　名	分类号（CIP 数据Ⅵ.）
1	电影电视艺术理论	J90　J932	11	影视拍摄艺术	J93
2	导　演	J911	12	影视企业组织管理	J94
3	演　员	J912	13	各种电影电视	J95/96
4	美　工	J913	14	不同题材的影视片	J97
5	照明拟音	J914/915	15	幻　灯	J98　TB857.2
6	特　技	J916	16	中国影视事业	J992　J909
7	化妆服装	J917/918	17	各国影视事业	J993/997
8	音　乐	J617.6	18	中外影视明星	K81/83
9	分镜头	J92	19	工具书 系列书	J9　H16 H2　H316
10	影视拍摄技术	TB85　TB888	20	资料查询服务	

46. 戏剧书店（舞台艺术书场）

序号	类　名	分类号（CIP 数据Ⅵ.）	序号	类　名	分类号（CIP 数据Ⅵ.）
1	戏剧艺术理论	J8/80	11	中国戏剧事业	J892
2	导演学	J811	12	各国戏剧事业	J891　J893/897
3	表演学	J812	13	戏剧艺术家	K81/83
4	舞台美术	J813	14	戏剧影视期刊	J8
5	舞台技术 戏剧音乐	J814　J617	15	工具书	J8　H16 H2　H316
6	剧团管理	J819	16	系列书	J8
7	京剧艺术	J821　J617.1	17	资料查询服务	
8	化妆服装服饰	J821.5	18		
9	各种戏剧艺术	J822/827	19		
10	杂技艺术	J828	20		

47. 历史书店（春秋书肆）

序号	类 名	分类号（CIP 数据Ⅵ.）	序号	类 名	分类号（CIP 数据Ⅵ.）
1	史学理论	K0	11	中国原始奴隶社会	K21/225
2	世界通史	K10/109	12	中国封建社会	K23/249
3	世界古代史	K11/113	13	中国近现代社会	K25/269
4	世界近现代史	K14/15	14	中华人民共和国史	K27
5	世界各国地区历史	K3/7　K18	15	中国各民族史志	K28/289
6	中国通史	K20	16	地方史志	K29 等
7	中国革命史	K201	17	中外历史学家	K81/83
8	中国文化史	K203	18	历史音像期刊	K
9	古代史籍	K204	19	工具书系列书	K　H16 H2　H316
10	历史事件史料考订评论年表	K205/208	20	资料查询服务	

48. 文物书店（考古书林）

序号	类　名	分类号（CIP 数据Ⅵ.）	序号	类　名	分类号（CIP 数据Ⅵ.）
1	文物考古	K85/853 G256	11	中外考古学家	K81/83
2	考古方法	K854　G263	12	考古音像期刊	K
3	世界文物考古	K86	13	工具书	K　H16 H2　H316
4	中国文物考古	K87/874	14	系列书	K
5	各种用品器物考古	K875	15	资料查询服务	
6	各种材料器物考古	K876	16		
7	古书契	K877	17		
8	古遗址	K878	18		
9	美术考古	K879	19		
10	各国文物考古	K883/887	20		

49. 家乡书店（历史地名＋书局）

序号	类　名	分类号（CIP 数据Ⅵ.）	序号	类　名	分类号（CIP 数据Ⅵ.）
1	地方哲学	B	11	地方图片	“人大法”8
2	地方概况	D	12	地方古旧书	K 等
3	地方法苑	D9	13	地方书香文化	G2
4	地方经济	F	14	地方名人传记	K82
5	地方文化	G2	15	地方音像期刊	K　G
6	地方文学作品	I2	16	工具书	K　H16 H2　H316
7	地方艺术	J	17	系列书	K　G
8	地方历史	K2	18	资料查询服务	
9	地方地理	K9	19		
10	地方科技	N　T	20		

50. 地理书店（寰宇书库）

序号	类　名	分类号（CIP 数据Ⅵ.）	序号	类　名	分类号（CIP 数据Ⅵ.）
1	地理学	K90－0	11	中国名胜古迹	K928.7
2	人文地理学	K901	12	旅游地理游记	K919　K928.9 K939/979
3	政治地理学 地缘地理学	K901.4	13	各国地理	K93/97
4	文化地理学	K901.6	14	自然地理	P9
5	旅游地理学 聚落地理学	K901.7/.8	15	地　图	K99
6	历史地理学	K901.9　K916 K928.6　K936/976	16	自然地理地图	P98
7	应用地理学	K909	17	地理学家	K81/83
8	世界地理	K91	18	交通图 游览图	F512.99 K992.9
9	世界名胜古迹	K917	19	工具书 系列书	K9　P9　H16 H2　H316
10	中国地理	K92	20	资料查询服务	

51. 旅游书店（风光书亭）

序号	类 名	分类号（CIP 数据Ⅵ.）	序号	类 名	分类号（CIP 数据Ⅵ.）
1	旅游经济理论与方法	F590	11	交通知识摄影知识	U J4 TB8
2	世界各国旅游事业	F591 F593/597	12	旅游法律民间故事	D9 I276. 3
3	中国旅游事业	F592	13	各地菜肴卫生知识	TS971/972 R1 R16/17 G804. 3
4	旅行社与导游	F590. 63	14	礼仪风俗历史地理	K89
5	旅 行	K919 K928. 9 G895	15	各地服饰民族知识	D633/634 C95 K28 TS973
6	游 记	K919 K928. 9 G895	16	旅游音像期刊	F59 K9
7	世界各地名胜古迹	K917	17	地方旅游	F59 K9
8	中国各地名胜古迹	K928. 7	18	中外旅行家	K81/83
9	世界各国地图游览图	K991 K993/997	19	工具书系列书	F59 K9 H16 H2 H316
10	中国地图游览图	K992 K992. 9	20	资料查询服务	

52. 地图书店（世界书店）

序号	类　名	分类号（CIP 数据Ⅵ.）	序号	类　名	分类号（CIP 数据Ⅵ.）
1	地图制图学	P28	11	工具书	K99　P98　H16　H2　H316
2	自然地理图	P98	12	系列书	K99　P98
3	专业地理图	P	13	资料查询服务	
4	世界各国政区图地形图	K991　P98　K993/997	14		
5	世界各国交通图游览图	F512. 99　K993. 9/997. 9	15		
6	中国各地政区图地形图	K992　P98	16		
7	中国各地交通图游览图	F512. 99　K992. 9	17		
8	中外地图模型	K99	18		
9	地名学知识	P281	19		
10	地图界名人	K81/83	20		

53. 节日书店

序号	类名	分类号（CIP 数据Ⅵ.）	序号	类名	分类号（CIP 数据Ⅵ.）
1	中外节日节令	K891　K892.1	11	节日运动娱乐	G82/89
2	民俗学	K890	12	烟花爆竹	TQ56
3	世界风俗习惯	K891 K893/897	13	节日装饰	TS93　J5
4	中国风俗习惯	K892	14	节日文学	I1/7　K919 K918.9
5	中国各种 民俗专志	K892.2	15	节日礼品书	J　K　I
6	中国各民族 风俗习惯总志	K892.3	16	艺术欣赏	J2/9
7	各地风俗习惯 民俗学家	K892.4 K81/83	17	中外名胜古迹	K917　K928.7
8	古代礼制	K892.9　K221	18	地方风光	K9
9	节日旅游	K93/97　K91 K928.9　K99　U	19	节日音像期刊 工具书系列书	K　J　H16 H2　H316
10	节日食谱	TS971/972　R15	20	资料查询服务	

54. 理科书店

序号	类　名	分类号（CIP 数据Ⅵ.）	序号	类　名	分类号（CIP 数据Ⅵ.）
1	数　学	O1 －64/－8　N	11	控制论 信息论	O23
2	中国数学	O11/119	12	计算数学	O24
3	初等数学	O12	13	应用数学	O29
4	高等数学	O13/14	14	力　学	O3　N O301/303
5	代　数	O15	15	理论力学	O31
6	数学分析	O17	16	振动理论	O32
7	几何拓扑	O18	17	连续介质力学	O33
8	动力系统理论	O19	18	固体力学	O34
9	概率论与 数理统计	O21	19	液体力学	O35/36
10	运筹学	O22	20	流变学	O37

21	爆炸力学	O38	31	热　学	O51/55
22	应用力学	O39	32	原子物理学 高能物理学	O57
23	物理学	O4　O41/415　N	33	波谱学 能谱学	O581/582
24	声　学	O42	34	应用物理学	O59
25	光　学	O43	35	化　学	O6　N O6 －0/－64
26	电磁学与 电动力学	O44	36	无机化学	O61
27	无线电物理学	O45	37	有机化学	O62
28	真空电子学	O46	38	高分子化学	O63
29	半导体物理学	O47	39	物理化学 化学物理学	O64
30	固体物理学	O48	40	分析化学	O65

41	液体分析 水分析	O661	51		
42	应用化学	O69 等	52		
43	晶体学	O7　N O71/78	53		
44	应用晶体学	O79/799	54		
45	理科音像期刊	O	55		
46	著名理科学者	K81/83	56		
47	工具书	O　H16 H2　H316	57		
48	系列书 辅导材料	O	58		
49	资料查询服务		59		
50			60		

55. 天文书店（星辰书窗、风云书馆）

序号	类　名	分类号（CIP 数据Ⅵ.）	序号	类　名	分类号（CIP 数据Ⅵ.）
1	天文观测	P1 – 28　P11	11	海洋气象学	P732
2	天体测量学	P12	12	气象要素 大气现象	P42
3	天体力学	P13	13	动力气象学 应用气象学	P43　P49 等
4	天体物理学	P14/148	14	天气学 气候学	P44　P46
5	恒星星系天 文学宇宙学	P15	15	天气预报 人工影响天气	P45　P48 S165
6	射电天文学	P16	16	地方天文气象	P
7	空间天文学	P17	17	中外天文学家	K81/83
8	太阳系	P18	18	天文音像期刊	P
9	时间历法	P19	19	工具书 系列书	P　H16 H2　H316
10	大气科学 大气探测	P4/41	20	资料查询服务	

56. 地球书店（大地书林）

序号	类　名	分类号（CIP 数据Ⅵ.）	序号	类　名	分类号（CIP 数据Ⅵ.）
1	地球物理学	P3　P312/313	11	海洋学	P7
2	地球起源及演化	P311	12	自然地理学	P9
3	地热学	P314	13	自然地理图	P98
4	地震学	P315/316	14	地质学家	K81/83
5	火山学	P317	15	地球音像期刊	P
6	地磁地电学	P318/319	16	工具书	P　H16 H2　H316
7	水文科学	P33	17	系列书	P
8	空间物理	P35　V41　P427 O572　P14　P40	18	资料查询服务	
9	地质学	P5　P51/59	19		
10	矿床学	P61/694	20		

57. 生物书店

序号	类名	分类号（CIP 数据Ⅵ.）	序号	类名	分类号（CIP 数据Ⅵ.）
1	生物科学	Q　Q-06/-9	11	古生物学	Q91
2	普通生物学	Q1	12	微生物学 植物学	Q93/94
3	细胞生物学	Q2	13	动物学 昆虫学	Q95/96
4	遗传学	Q3	14	人类学	Q98　R339.1
5	生理学	Q4	15	生物学前沿	Q
6	生物化学	Q5	16	地方生物	Q
7	生物物理学	Q6	17	中外生物学家	K81/83
8	分子生物学	Q7	18	生物音像期刊	Q
9	生物工程学	Q81	19	工具书 系列书	Q　H16 H2　H316
10	环境生物学	Q89　X17	20	资料查询服务	

58. 医药书店（医生书房）

序号	类　名	分类号（CIP 数据Ⅵ.）	序号	类　名	分类号（CIP 数据Ⅵ.）
1	医药卫生	R－02/－33	11	神经病学 精神病学	R74
2	预防医学 与卫生学	R1	12	皮肤病学 与性病学	R75
3	中国医学	R2	13	耳鼻咽喉科学	R76
4	基础医学	R3	14	眼科学	R77
5	临床医学	R4	15	口腔科学	R78
6	内科学	R5	16	外国民族医学	R79
7	外科学	R6	17	特种医学药学	R8/9
8	妇产科学	R71	18	中外医学家	K81/83
9	儿科学	R72	19	医学音像期刊 培训考试资料	R　H16 H2　H316
10	肿瘤学	R73	20	资料查询服务	

59. 保健书店

序号	类　名	分类号（CIP 数据Ⅵ.）	序号	类　名	分类号（CIP 数据Ⅵ.）
1	一般保健法	R161	11	体育运动卫生	G804
2	妇女保健卫生	R173	12	身体清洁卫生	R166　TS974
3	婴幼儿保健与卫生	R174	13	性卫生	R167
4	中外保健组织与事业	R19	14	个人卫生用品使用	R168
5	妇幼保健事业与组织	R172	15	计划生育卫生	R169
6	个人卫生	R16	16	妇幼卫生	R17
7	劳动生理卫生	R131	17	职业卫生	R13
8	心理卫生	R395	18	少儿卫生营养	R179　R153
9	生活习惯卫生	R163	19	计划免疫与消毒	R18
10	文体生活卫生	R164	20	中医养生	R21

21	食养保健	R247	31	保健音像期刊	R　K
22	保健按摩	R244	32	系列书	R
23	美术书法健身	J205	33	工具书	R　H16 H2　H316
24	保健音乐	J6	34	资料查询服务	
25	歌唱健身	J60	35		
26	旅游知识	K93/97　K99 K928.9	36		
27	体育运动 游戏知识	G82/89 R247	37		
28	老年保健	R161	38		
29	长寿名人	K81/83	39		
30	养生保健 知识大全	R　Z	40		

60. 中医书店（悬壶书院）

序号	类　名	分类号（CIP 数据Ⅵ.）	序号	类　名	分类号（CIP 数据Ⅵ.）
1	中国医学理论	R2－0	11	中医骨伤科 中医急症学	R274　R278
2	中医预防卫生学	R21	12	中医皮肤科与性病学	R275
3	中医基础理论	R22	13	中医五官科	R276
4	中医心理学	R229	14	中医其他学科 少数民族医学	R277　R29
5	中医临床学	R24	15	中药学 方剂学	R28
6	中医内科	R25	16	中西医结合	R2－031
7	中医外科	R26	17	中医名人	K81/83
8	中医妇产科	R271	18	中医教材培训	R2
9	中医儿科	R272	19	工具书系列书 中医音像期刊	R2　H16 H2　H316
10	中医肿瘤科	R273	20	资料查询服务	

61. 园艺书店（花木书亭）

序号	类　名	分类号（CIP 数据Ⅵ.）	序号	类　名	分类号（CIP 数据Ⅵ.）
1	园　艺	S6	11	家庭店堂建筑花木装饰知识	J525　B834　TU22
2	苗圃学	S61	12	园艺摄影	J4
3	设施园艺	S62	13	园艺画册	J4
4	观赏园艺（一、二年生）	S681	14	园艺家	K81/83
5	观赏园艺（多年生）	S682	15	园艺音像期刊	S
6	观花树木类	S685　S567	16	园艺知识大全	S
7	观果树木类	S686	17	工具书	S　H16　H2　H316
8	园林植物栽培及应用技术	S688	18	资料查询服务	
9	药用花卉	S68	19		
10	美学知识美术知识	B83－0　J20	20		

62. 林业书店（森林书海）

序号	类　名	分类号（CIP 数据Ⅵ.）	序号	类　名	分类号（CIP 数据Ⅵ.）
1	林　业	S7　S7－05 F307.2	11	森林树种	S79
2	林业基础科学	S71　X17	12	针叶树类	S791
3	造林学及 林木育种	S72	13	阔叶乔木 阔叶灌木	S792/793
4	绿化建设	S73　TU985	14	特用阔叶树类	S794　S565
5	森林经营	S75　F307.2	15	竹、热带树种	S795/796
6	自然保护区 与森林法律	S759.9　D9	16	森林摄影 森林绘画	J2　J4
7	森林保护学	S76　X51	17	森林画册	J
8	森林工程 森林机械	S77　TS64	18	林业科学家 林业守望者	K81/83
9	木材采运 与利用	S78	19	工具书 系列书	S　H16 H2　H316
10	森林副 产品利用	S759　S789	20	资料查询服务	

63. 畜牧书店

序号	类　名	分类号（CIP 数据Ⅵ.）	序号	类　名	分类号（CIP 数据Ⅵ.）
1	畜　牧	S8　S307.3	11	动物医学	S857.1/.8
2	普通畜牧学	S81　F31	12	兽医药物学	S859
3	马	S821	13	狩猎与野生动物驯养	S86
4	驴、骡	S822	14	野生动物保护	S862/863
5	牛	S823	15	蚕　桑	S88　F307.3　TS14
6	骆驼、鹿	S824/825	16	养蜂及益虫饲养	S89　S47
7	羊	S826/827	17	动物世界	S　J
8	猪	S828	18	畜牧专家	K81/83
9	兔、犬、猫其他家畜	S829	19	畜牧音像期刊工具书系列书	S　H16　H2　H316
10	家　禽	S83/89	20	资料查询服务	

64. 渔业书店（水产书馆）

序号	类　名	分类号（CIP 数据Ⅵ.）	序号	类　名	分类号（CIP 数据Ⅵ.）
1	水产渔业	S9　S9－09　F3 F7　Q959　Q91	11	水产运输保鲜 贮藏加工包装	S98　TS254
2	水产基础科学	S91	12	渔业专家	K81/83
3	水产地区分布 水产资源保护	S92/94　D9	13	渔业水产 音像期刊	S
4	水产工程	S95　U658.6 TV62　S972.9	14	工具书	S　H16 H2　H316
5	水产养殖技术	S96	15	系列书	S
6	鱼　类	S961/963	16	资料查询服务	
7	淡水养殖	S964/966 S865.2	17		
8	海水养殖	S967/968	18		
9	水产养殖设备	S969	19		
10	水产捕捞	S97　U674	20		

65. 技术书店（蓝领书坊）

序号	类　名	分类号（CIP 数据Ⅵ.）	序号	类　名	分类号（CIP 数据Ⅵ.）
1	工业技术	T　T－0/－1 TB	11	刀具磨料磨具 夹具模具手工	TG7
2	先进经验 创造发明	T－1/－19	12	公差与技术测 量及机械量仪	TG8
3	矿业工程技术	TD	13	钳工工艺 装配工艺	TG6
4	石油天然气 工业技术	TE	14	机械仪表 工业技术	TH
5	冶金工业技术	TF	15	兵器工业技术	TJ
6	金属学 与热处理	TG1	16	能源与动力 工业技术	TK
7	铸　造	TG2	17	原子能技术	TL
8	金属压力加工	TG3	18	电子技术	TM
9	金属焊接 切割粘接	TG4	19	无线电电子学	TN
10	金属切削 加工及车床	TG5	20	电信技术	TN

21	自动化技术	TP	31	工具书	T－6 H16 H2 H316
22	计算机技术	TP	32	系列书	T
23	化学工业技术	TQ	33	资料查询服务	
24	轻工业手 工业技术	TS	34		
25	建筑工业技术	TU	35		
26	水利工程技术	TV	36		
27	交通运输技术	U	37		
28	工业技术专家	K81/83	38		
29	技工培训	T	39		
30	工业技术 音像期刊	T	40		

66. 家电书店（生活电器书坊）

序号	类　名	分类号（CIP 数据Ⅵ.）	序号	类　名	分类号（CIP 数据Ⅵ.）
1	空气调节用电器	TH925.1	11	家电新趋势	F
2	收音机 电视机	TN93　TM949.7	12	家电知名企业	TM925
3	冷藏用电器	TM925.2	13	家电行企业家	K825.38
4	清洁卫生用电器	TM925.3	14	家电培训	TM　TN
5	整容保健用电器	TM925.4	15	家电小知识	TM　TN
6	厨房用电器	TM925.5	16	家电音像期刊	TM　TN
7	取暖电器	TM925.6	17	工具书	T　H16 H2　H316
8	其他电器	TM925.9	18	系列书	T
9	家用电器图表集	TM　TN	19	资料查询服务	
10	消费者权益保护法	D922.294	20		

67. 电信书店

序号	类　名	分类号 （CIP 数据Ⅵ.）	序号	类　名	分类号 （CIP 数据Ⅵ.）
1	无线电电子 学电信技术	TN　TN0	11	无线电话 移动电话	TN916.9　TN92
2	真空电子技术	TN1	12	广　播	TN93
3	光电子技术 与激光技术	TN2	13	电　视	TN94
4	半导体技术	TN3	14	电视机	TN949.7
5	微电子学 集成电路	TN4	15	雷　达	TN95
6	电子元件组件	TN6	16	无线电导航 与电子对抗	TN96/97
7	基本电子电路	TN7	17	电信测量技术	TN98　TM93
8	无线电设备 与电信设备	TN8	18	电信专家	K81/83
9	通　信	TN91/92	19	工具书系列 书音像期刊	TM　TN　H16 H2　H316
10	电　话	TN916	20	电信培训 资料查询服务	TM　TN

68. 机械书店

序号	类名	分类号（CIP 数据Ⅵ.）	序号	类名	分类号（CIP 数据Ⅵ.）
1	机械仪表工业	TH　F407.46	11	气体压缩输送机械	TH4　TM925.1　TB6　TQ05　TK22
2	机械学	TH11	12	专用机械与设备	TH6/69
3	机械设计、计算与制图	TH12	13	仪器仪表	TH71
4	机械零件传动装置	TH13	14	坐标器计算机具计数器	TH72　TS951　TP3
5	机械制造用材料	TH14	15	物理学与力学一般仪器	TH73
6	机械制造工艺	TH16　TP391	16	光学仪器	TH74
7	机械运行与维修	TH17	17	天文仪器	TH75　TN16
8	机械工厂（车间）	TH18	18	地球科学仪器	TH76　P62　TN75
9	起重机械运输机械	TH2	19	医药卫生器械	TH77
10	泵	TH3　TB7　TU46	20	生物科学与农林科学仪器	TH79

21	热工量的 测量仪表	TH81	31	机械仪表 音像期刊	TH
22	力学量的 测量仪表	TH82	32	工具书	TH　H16 H2　H316
23	成分分析仪器	TH83	33	系列书	TH
24	波谱能谱质谱	TH841/843 TL8　TB7	34	资料查询服务	
25	显示仪表	TH85	35		
26	工业自动 化仪表	TH86　TP21 TP27	36		
27	材料试验机 与实验仪器	TH87	37		
28	其他仪器仪表	TH89	38		
29	机械专家	K81/83	39		
30	机械仪表 技工培训	TH	40		

69. 石化书店

序号	类　名	分类号 （CIP 数据Ⅵ.）	序号	类　名	分类号 （CIP 数据Ⅵ.）
1	石油天然气工业	TE0　F407.2	11	化学工业	TQ　F407.7
2	石油天然气地质与勘探	TE1　F61	12	基本无机化学工业	TQ11
3	钻井工程	TE2	13	非金属元素无机化合物化学工业	TQ12
4	油气田开发与开采	TE3	14	金属元素的无机化合物化学工业	TQ13
5	油气田建设工程	TE4	15	电化学工业	TQ15　TM91
6	海上油气田勘探与开发	TE5	16	电热工业高温制品工业	TQ16
7	石油天然气加工工业	TE6	17	硅酸盐工业	TQ17　TU528 TU522
8	石油天然气储存与运输	TE8	18	基本有机化学工业	TQ2
9	石油机械设备与自动化	TE9	19	高分子化合物工业	TQ31
10	石油天然气工业环保与综合利用	TE99　X74	20	合成树脂与塑料工业	TQ32

21	橡胶工业	TQ33	31	炼焦化学工业	TQ52
22	化学纤维工业	TQ34	32	煤化学及煤的加工利用	TQ53
23	纤维素质的化学加工业	TQ35	33	煤炭气化工业	TQ54
24	溶剂与增塑剂生产	TQ41	34	燃料照明工业	TQ55
25	试剂与纯化学品的生产	TQ42	35	爆炸物工业与火柴工业	TQ56
26	胶粘剂工业	TQ43	36	感光材料工业	TQ57
27	化学肥料工业	TQ44	37	磁性记录材料工业	TQ58
28	农药工业	TQ45	38	光学记录材料工业	TQ59
29	制药化学工业	TQ46	39	燃料及中间体工业	TQ61
30	燃料化学工业	TQ51	40	颜料工业	TQ62

41	涂料工业	TQ63	51		
42	油脂和蜡的化学加工业肥皂工业	TQ64	52		
43	香料及化妆品工业	TQ65	53		
44	其他化学工业	TQ9	54		
45	石化工业音像期刊	TE TQ	55		
46	石化专家	K81/83	56		
47	石化技工培训	TE TQ	57		
48	工具书	TE TQ H16 H2 H316	58		
49	系列书	TE TQ	59		
50	资料查询服务		60		

70. 手艺书店（巧手书坊）

序号	类　名	分类号（CIP 数据Ⅵ.）	序号	类　名	分类号（CIP 数据Ⅵ.）
1	雕塑工艺品	TS932	11	毛笔印章工艺	TS951
2	雕塑技法	J31	12	乐器工艺	TS953
3	制　砚	TS951	13	玩具工艺	TS958
4	史料美术工艺品	TS933　TQ16	14	草帽竹篮纸料制镜制扇（伞）	TS959.2 TS959.4/.7
5	金属美术工艺品	TS934	15	家庭缝补熨烫	TS973
6	刺绣编织制毯	TS935　TS17/18 TS91	16	家宅美化美术知识	J525　B834 J0　J2　J5
7	陶瓷玻璃工艺美术制品	TQ171　TQ174	17	工艺美术大师	K81/83
8	人造花卉剪纸刻纸折纸	TS938	18	工艺技能培训	TS
9	木偶皮影脸谱贴画风筝彩灯	TS938	19	工具书系列书工艺音像期刊	TS　J5　H16 H2　H316
10	服装加工工艺以及制品	TS941.6　TS18	20	资料查询服务	

71. 冶金书店

序号	类　名	分类号（CIP 数据Ⅵ.）	序号	类　名	分类号（CIP 数据Ⅵ.）
1	冶金工业	TF　F407.3 TU27　X75	11	冶金技工培训	TF
2	冶金技术	TF1	12	冶金专家	K81/83
3	冶金机械及冶金生产自动化	TF3	13	工具书	TF　H16 H2　H316
4	钢铁冶炼	TF4	14	系列书	TF
5	炼　铁	TF5	15	资料查询服务	
6	铁合金冶炼	TF6	16		
7	炼　钢	TF7	17		
8	其他黑色金属冶炼	TF79	18		
9	有色金属冶炼	TF8　TL2　TN3	19		
10	冶金音像期刊	TF	20		

72. 建筑书店

序号	类　名	分类号（CIP 数据Ⅵ.）	序号	类　名	分类号（CIP 数据Ⅵ.）
1	建筑科学	TU　TU－0/－8 J59　B45　F407.9	11	地下建筑	TU9
2	建筑基础科学	TU1	12	高层建筑	TU97
3	建筑勘测	TU19	13	区域规划 城乡规划	TU98
4	建筑设计	TU2	14	市政工程	TU99
5	建筑结构	TU3	15	建筑法规	D9
6	土力学与地基基础工程	TU4	16	建筑图册	TU　J
7	建筑材料	TU5	17	建筑技工培训	TU
8	建筑施工机械与设备	TU6	18	建筑大师	K81/83
9	建筑施工	TU7	19	工具书系列书 建筑音像期刊	TU　H16 H2　H316
10	房屋建筑设备	TU8	20	资料查询服务	

73. 工程师书店

序号	类名	分类号（CIP 数据Ⅵ.）	序号	类名	分类号（CIP 数据Ⅵ.）
1	工业技术理论	T　T－0	11	声学工程	TB5
2	工业技术现状与发展	T－1	12	制冷工程	TB6
3	机关团体会议	T－2	13	真空技术	TB8
4	参考工具书	T－6	14	摄影技术	TB8
5	工业经济	F4	15	计量学	TB9
6	一般工业技术	TB	16	各类工程技术	T
7	工程基础科学	TB1	17	工程法规工具书系列书	D9　H16 H2　H316
8	工程设计测绘	TB2	18	工程师学习音像与期刊	T
9	工程材料学	TB3	19	著名工程师	K81/83
10	工程通用技术与设备	TB4	20	资料查询服务	

74. 电工书店

序号	类名	分类号（CIP 数据Ⅵ.）	序号	类名	分类号（CIP 数据Ⅵ.）
1	电工技术	TM　F407.6	11	电气化 电能应用	TM92
2	电工基础理论	TM1	12	家用电器及 其他电器设备	TM925
3	电工材料	TM2	13	电气测量 技术及仪器	TM93
4	电　机	TM3	14	电气法规	D9
5	变压器 变流器电抗器	TM4	15	电器音像期刊	TM
6	电　器	TM5	16	电工技术培训	TM
7	发电发电厂	TM6	17	知名电气 工程师	K81/83
8	输配电工程电 力网及电力系统	TM7	18	工具书 系列书	TM　H16 H2　H316
9	高电压技术	TM8	19	资料查询服务	
10	独立电源技术	TM91	20		

75. 计算机书店（电脑书库）

序号	类　名	分类号（CIP 数据Ⅵ.）	序号	类　名	分类号（CIP 数据Ⅵ.）
1	计算机技术	TP3	11	各种计算机网	TP393.1/.2
2	计算机软件	TP31	12	国际互联网	TP393.4
3	操作系统	TP316.1/.9	13	其他方面应用	TP399
4	程序包 专用软件	TP317/319	14	计算机 音像期刊	TP
5	一般计算器 和计算机	TP32	15	计算机维修	TP3
6	各类计算机	TP33/36	16	计算机教程	TP3
7	多媒体技术与 多媒体计算机	TP37/38	17	计算机及 网络法规	D9
8	计算机应用	TP391	18	知名计算 机专家	K81/83
9	专业数据库	TP392	19	工具书 系列书	TP3　H16 H2　H316
10	计算机网络	TP393.0	20	资料查询服务	

76. 航空书店（蓝天书海、云海书舟）

序号	类 名	分类号（CIP 数据Ⅵ.）	序号	类 名	分类号（CIP 数据Ⅵ.）
1	航空航天的技术与探索	V1	11	航天基础理论实验	V41
2	飞碟研究	V11	12	火箭与航天器制造	V42/46　V25
3	航空基础理论及实验	V21	13	航天器运输工具燃料润滑剂	V47　V51
4	飞机构造设计	V22	14	航天术航空航天医学	V52　R85
5	航空器制造	V23/26	15	地面设备试验场发射场航天基地	V55
6	各类型航空器	V27	16	航天系统工程	V57
7	航空用燃料及润滑剂	V31	17	航空航天科学家	K81/83
8	航空飞行术	V32	18	航空航天教程音像期刊	V
9	航空港飞机场及其技术管理	V35	19	工具书系列书	V　H16 H2　H316
10	航空系统工程	V37	20	资料查询服务	

77. 环境书店（环保书园）

序号	类　名	分类号 （CIP 数据Ⅵ.）	序号	类　名	分类号 （CIP 数据Ⅵ.）
1	环境科学	X　X－01/－4	11	环保参考工具书	X－6　H16 H2　H316
2	环境科学基础理论	X11/196　F06 R12　B845	12	系列书	X
3	社会与环境	X21/26	13	环保音像期刊	X
4	环境保护管理	X32/38　R12 TU99　R14　TL7	14	环保知识培训	X
5	灾害及其防治	X4	15	环保名人	K81/83
6	环境污染及其防治	X5　TB5	16	资料查询服务	
7	废物处理综合利用	X7	17		
8	环境质量评价环境监测	X8	18		
9	环保标准	X－65	19		
10	环保法规	D9	20		

78. 安全书店（劳动书坊）

序号	类　名	分类号（CIP 数据Ⅵ.）	序号	类　名	分类号（CIP 数据Ⅵ.）
1	安全科学	X9	11	化学工业安全	TQ08
2	安全科学基础理论	X91	12	冶金工业安全	TF08
3	安全管理	X92	13	机械工厂安全	TH18
4	安全工程	X93	14	金属工艺安全	TG
5	锅炉安全	TK28	15	焊接工艺安全	TG4
6	压力容器安全	TH49	16	兵器工业安全	TJ
7	电气安全	TM　TM92	17	动力工业安全	TK
8	地质勘探安全	P62	18	辐射保护	TL7
9	矿山安全	TD7	19	反应堆安全	TL3
10	石油工业安全	TE68	20	建筑施工安全	TU71

21	轻工业手 工业安全	TS	31	工具书	X　H16 H2　H316
22	航空安全	V26　V32	32	系列书	X
23	航天安全	V46　V52	33	资料查询服务	
24	劳动卫生工程	X96　TU8　R134 TB5　R136	34		
25	安全标准	X9 – 65	35		
26	安全保护法规	D9	36		
27	安全保护保险	F84	37		
28	安全保护 音像期刊	X	38		
29	安全保护培训	X	39		
30	著名安全 保护专家	K81/83	40		

79. 工具书店

序号	类　名	分类号（CIP 数据Ⅵ.）	序号	类　名	分类号（CIP 数据Ⅵ.）
1	中国百科全书类书	Z2/22	11	文化科学教育体育	G
2	综合性词典	Z3/32	12	语言文字	H
3	综合性年鉴	Z5/52	13	文　学	I
4	图书目录文摘索引	Z8	14	艺　术	J
5	经　典	A　D	15	历史地理	K
6	哲学宗教	B	16	自然科学总论	N
7	社会科学总论	C	17	数理科学和化学	O
8	政治法律	D	18	天文学地球科学	P
9	军　事	E　TJ	19	生物科学	Q
10	经　济	F	20	医药卫生	R

21	农业科学	S	31		
22	工业技术	T	32		
23	交通运输	U	33		
24	航空航天	V	34		
25	环境科学 安全科学	X	35		
26	音像电子 读物词典	Z　H	36		
27	工具类期刊	Z	37		
28	工具类系列书	Z　H16 H2　H316	38		
29	著名辞书 类学者	K81/83	39		
30	资料查询服务		40		

80. 领导干部书店（公务员书寓）

序号	类　名	分类号（CIP 数据Ⅵ.）	序号	类　名	分类号（CIP 数据Ⅵ.）
1	领导学	C933　F272.9	11	社会学知识	C91
2	决策学	C934	12	党校教育 公务员考试	G　D630.3　C
3	管理学	C93　F27	13	文学艺术欣赏	I　J
4	经典理论知识	A　D	14	写作演讲知识	H
5	中外政治知识	D0/8	15	计算机知识	TP
6	反腐倡廉 法律知识	D261　D9	16	交际礼仪知识	C912
7	群团组织	D4	17	中外杰出 领导者	K81/83
8	科技知识	N　T	18	保健知识	R　TS
9	经济知识	F	19	工具书系列书 音像期刊	C　D　H16 H2　H316
10	心理学知识	B84	20	资料查询服务	

81. 经理书店

序号	类　名	分类号（CIP 数据Ⅵ.）	序号	类　名	分类号（CIP 数据Ⅵ.）
1	中外企业史	F279	11	工人运动组织	D41
2	企业家传记	K815.38 K825.38	12	经济理论	F
3	经典理论	A	13	会计审计	F23
4	哲学知识	B	14	文化理论	G
5	心理学知识	B84	15	写作演讲知识	H
6	统计学知识	C8	16	计算机知识	TP
7	管理学知识	C93	17	交际礼仪知识	C912
8	人才学知识	C96	18	职工培训	G4
9	政治理论	D0/8	19	语言知识	H
10	法律知识	D9	20	艺术欣赏	J

21	文学欣赏	I	31		
22	科技知识	N　T	32		
23	环保知识	X	33		
24	安全科学	X	34		
25	保健知识	R　TS	35		
26	经理音像期刊	F　Z	36		
27	工具书	F　H16 H2　H316	37		
28	系列书	F	38		
29	资料查询服务		39		
30			40		

82. 管理者书店（白领书香阁）

序号	类　名	分类号（CIP 数据Ⅵ.）	序号	类　名	分类号（CIP 数据Ⅵ.）
1	管理学	C93	11	公关礼仪	C912
2	管理技术方法	C931	12	科技知识	N　T
3	办公室工作	C913.4	13	职工培训	G4
4	管理计划控制	C935	14	心理学知识 社会学知识	B84　C91
5	管理组织学	C936	15	文学艺术知识 写作演讲知识	I　J　H
6	应用管理学	C939	16	保健知识	R　TS
7	经典理论	A　D	17	白领故事	K81/83　I
8	政治理论	D0/8	18	白领音像期刊	C
9	法律知识	D9	19	工具书 系列书	C　H16 H2　H316
10	文秘知识档案管理知识	C931　G2	20	资料查询服务	

83. 幼儿书店（明天书香园）

序号	类　名	分类号（CIP 数据Ⅵ.）	序号	类　名	分类号（CIP 数据Ⅵ.）
1	幼儿教育	G61	11	幼儿卫生保健	R174
2	幼儿启蒙	I　G6	12	幼儿饮食营养	R153　TS972.1
3	亲子辅导	I1/2　G623.22/.23	13	幼儿百科知识	G6　H　ZZ2
4	幼儿音乐舞蹈	I6/7	14	父母必读 保姆家教	G6　TS976.7
5	幼儿绘画	J2	15	幼教音像期刊	G6
6	幼儿游戏	G898/899	16	幼教培训	G6
7	幼儿体育	G8	17	中外幼儿 教育专家	K81/83
8	幼儿手工制作	J528.2	18	未成年人 法律保护	D9
9	幼儿英语	H31	19	工具书	G6　H16 H2　H316
10	儿童心理学	B844.1	20	资料查询服务	

84. 婴幼儿书店（宝宝书香屋）

序号	类　名	分类号（CIP 数据Ⅵ.）	序号	类　名	分类号（CIP 数据Ⅵ.）
1	优生优育	R169. 4　R715 R394	11	幼儿音乐舞蹈	J6/7
2	胎　教	R714. 5　G4	12	幼儿绘画	J2
3	亲子辅导	I1/2　G623. 2/. 3	13	幼儿英语	H31
4	幼儿启蒙	I　G	14	幼儿百科知识	Z2
5	婴幼儿 卫生保健	R174　R179	15	父母必读	G6
6	婴幼儿 饮食营养	R153. 2　TS972. 1	16	保姆家教	TS976. 7
7	婴幼儿护理	R169	17	婴幼音像期刊	G6
8	儿童心理学	B844. 1	18	中外幼教专家	K81/83
9	婴幼儿游戏	G898/899	19	工具书 系列书	G　H16 H2　H316
10	婴幼儿手工	J528. 2	20	资料查询服务	

85. 少儿书店（红领巾图书角）

序号	类　名	分类号（CIP 数据Ⅵ.）	序号	类　名	分类号（CIP 数据Ⅵ.）
1	少年儿童组织与活动	D432.5	11	少儿卫生保健	R179
2	少先队	D432.51	12	少儿饮食营养	R153.2　TS972.1
3	国际少年儿童会议与活动	D431.4	13	少儿百科知识	Z2
4	世界儿童生活状况	D431.7	14	少儿安全防范知识	X　D9
5	学生组织与会议	D432.4	15	少儿科幻	N49
6	少儿音乐舞蹈	J6/7	16	师生关系	G456
7	少儿绘画	J2	17	家庭关系	B823.1　C913.11　G40－052.4
8	少儿游戏	G898/899	18	学生心理学	G444
9	少儿体育	G8	19	读书阅读方法	G456
10	少儿手工制作	J528.2	20	学科心理学	G447

21	励　志	B848.4	31	资料查询服务	
22	课外文学读物	I	32		
23	校园文艺活动	J　I	33		
24	中外名人传记	K81/83	34		
25	青少年 权益保护	D9	35		
26	小学课本 辅导材料	G6	36		
27	中学教材 教辅资料	G6	37		
28	中外优秀 学生事迹	K81/83	38		
29	学生用工具书	G6　H16 H2　H316	39		
30	系列读物	G	40		

86. 妇女书店（巾帼书屋）

序号	类　名	分类号（CIP 数据Ⅵ.）	序号	类　名	分类号（CIP 数据Ⅵ.）
1	妇女运动理论	D440	11	家庭生活 家政服务	TS97　F293.2/.3 F719　TU24　TU8 J525　B834　C B845.61　X956
2	世界妇女 运动与组织	D441　D443/447	12	花鸟虫鱼	S8　S6
3	中国妇女 运动及组织	D442　D442.8	13	烹饪食谱	TS971/972　R15
4	妇女工作	D442.6	14	保健养生	R16/17　R214 G804.3　R212
5	妇女生活状况	D442.7	15	家庭宠物	S815　TS976.38 B843.2
6	妇女运动史 社会生活史	D442.9	16	家用电器	TM925　TN93 TS976.8/.9 TN949.7
7	妇女问题	C913.68	17	妇女心理学	B844.5
8	妇女保健 与卫生	R173	18	妇女权益保护	D9
9	妇女营养食谱	R153.1　TS972.1	19	妇女个人修养	B821　B825
10	美容健美知识	TS974　R16 G831.3	20	中外妇女名人	K81/83

21	家庭教育	G61 G78 B844.1	31		
22	婚恋家庭	B823 C913.1 R16 TS976.3 B84 D649	32		
23	心理学知识	B844	33		
24	就业与工作	C913.2	34		
25	女性音像期刊	C D	35		
26	工具书	C H16 H2 H316	36		
27	系列书	C	37		
28	资料查询服务		38		
29			39		
30			40		

87. 夕阳红书店（晚霞书院）

序号	类　名	分类号（CIP 数据Ⅵ.）	序号	类　名	分类号（CIP 数据Ⅵ.）
1	老年人问题	C913.6	11	家用电器	TM925　TN93 TS976.8/.9 TN949.7
2	老年人心理学	B444.4	12	中外历史知识	K
3	老年卫生	R161.7	13	中外文艺知识	J　I
4	老年人营养	R153.3	14	旅游知识	K93/97　K919 K99　K928.9
5	保健养生	R16/17　R214 R212　G804.3	15	烹饪食谱	TS971/972　R15
6	老年教育 知名老人	G777　K81/83	16	计算机知识 互联网知识	TP
7	美容美体	TS974　R16 G831.3	17	手机知识 移动支付	F626.12
8	花鸟虫鱼	S8　S6	18	老年音像期刊	C
9	家庭宠物	S815　TS976.38 B843.2	19	工具书 系列书	C　H16 H2　H316
10	家庭生活 家政服务	TS97　F293.2/.3 F719　TU24　TU8 J525　B834　C B845.61　X956	20	资料查询服务	

88. 就业书店

序号	类　名	分类号 （CIP 数据Ⅵ.）	序号	类　名	分类号 （CIP 数据Ⅵ.）
1	就业失业问题	C913. 2　D669. 2	11	劳动工时 劳动关系	F245/246
2	劳动科学 基础理论	C970　R131	12	中国劳动政策	F249. 2
3	社会保障学	C913. 7　D57 D632. 1　F840. 61	13	世界各国 劳动政策	F249. 1 F249. 3/. 7
4	职业培训	C975　D412. 63 D992. 57	14	劳动保险	F840. 61/. 62 F840. 684 D922. 55
5	劳动法学	D922. 5　X9	15	职业技术教育 就业笔试面试	G71/72　J812
6	工会工作	D412. 6　D922. 56 D922. 182. 3	16	人生哲学	B821　B825 D648. 1
7	公务员培训	D630. 3	17	励　志 自强模范	B848. 4 K81/83
8	劳动经济理论	F240	18	中外名人传记	K81/83
9	劳动力 劳动生产率	F241/242	19	工具书系列书 就业音像期刊	C　H16 H2　H316
10	劳动工资 劳动报酬	F244　F272. 92	20	资料查询服务	

89. 残疾人书店（关爱书园）

序号	类　名	分类号（CIP 数据Ⅵ.）	序号	类　名	分类号（CIP 数据Ⅵ.）
1	残疾人问题	C913.69	11	法律法规	D9
2	中国社会保障社会福利	D632.1　C913.7 D412.66	12	中外励志名人事迹	K81/83
3	世界社会保障社会福利	D57	13	人生哲学励志	B821　B825 D648.1　B848.4
4	盲文手语图书	D126.2/.3	14	残疾人音像期刊	C
5	特殊教育理论	G760	15	残疾人培训	C
6	盲人教育	G761	16	残联组织	D　C
7	聋哑人教育	G762	17	工具书	C　H16 H2　H316
8	弱智儿童教育	G764	18	系列书	C
9	社会保障学	C913.7　D57 D632.1　F840.61	19	资料查询服务	
10	社会保险	F840.61/.62 F840.67 F840.684	20		

90. 青年书店（朝阳书苑）

序号	类　名	分类号（CIP 数据Ⅵ.）	序号	类　名	分类号（CIP 数据Ⅵ.）
1	党对青年工作的领导	D432	11	学习方法	G79　G726.9
2	青年问题	C913.5　D669.5	12	科技知识	N　T 等
3	中国青年工作	D432.6	13	理论知识	A　B　D
4	各国青年工作	D433/437	14	文艺知识	I　J
5	人生哲学	B821　B825 D648.1	15	体育娱乐	G8　J
6	励　志	B848.4	16	旅游活动	G8
7	青年心理学	B844.2	17	青年音像期刊	D　C
8	人才学	C96	18	工具书	C　H16 H2　H316
9	法律法规	D9	19	系列书	C　D
10	中外青年名人	K81/83	20	资料查询服务	

91. 工人书店

序号	类　名	分类号（CIP 数据Ⅵ.）	序号	类　名	分类号（CIP 数据Ⅵ.）
1	工人运动理论	D410	11	劳动工时 劳动关系	F245/246
2	世界工人 运动组织	D411 D413/417	12	人生哲学	B821　B825 D648. 1
3	中国工人 运动组织	D412	13	励　志	B848. 4
4	职业问题	C913. 2　D669. 2	14	中外知名 工人事迹	K81/83
5	劳动法	D922. 5	15	工人音像期刊	C
6	劳动保险	F840. 61/. 62 F840. 67　D922. 55 F840. 684	16	工具书	C　H16 H2　H316
7	职业培训 面试考试	C975　D412. 63 D922. 57　J812 G71/72	17	系列书	C
8	劳动经济理论	F240	18	资料查询服务	
9	劳动力	F241	19		
10	劳动工资报酬	F244　F272. 92	20		

92. 农民书店（田野书场、黄土地书屋）

序号	类　名	分类号 （CIP 数据Ⅵ.）	序号	类　名	分类号 （CIP 数据Ⅵ.）
1	农民运动理论	D420	11	励　志	B848.4
2	世界农民 运动组织	D421　D423/427	12	天气预报	P45　S165　S42
3	中国农民 运动组织	K201　D422	13	中外民俗	K89
4	农业农村农民	C912.82　F3 S－0/－09　D42 S－1/－3	14	农副产品	S
5	农民权益	D912.3/.4	15	时间历法	P19
6	农业技术	S	16	年　画	J528　J218.3 J22　8 人大法
7	农村文化生活	G　J　I	17	中外杰出农民	K81/83
8	农村体育活动	G8	18	“三农” 音像期刊	C
9	家庭生活 家政服务	TS97　F293.2/.3 F719　TU24　TU8 J525　B834　C B845.61　X956	19	工具书 系列书	C　H16 H2　H316
10	人生哲学	B821　B825 D648.1	20	资料查询服务	

93. 军人书店（军营书库、军旅书站、战友书园）

序号	类 名	分类号（CIP 数据Ⅵ.）	序号	类 名	分类号（CIP 数据Ⅵ.）
1	军事理论	E0	11	军法军纪	E126 E266
2	世界军事	E1 E3/7	12	读书方法 学习方法	G79 G726. 9 B842. 3 G442
3	中国军事	E2	13	体育娱乐	G8
4	战争知识	E8 K	14	人生哲学	B821 B825 D432. 63 D648. 1 H136. 3 H033
5	军事技术	E9 TJ	15	卫生保健	R15/16 R161. 5
6	军事地形 学地理学	E99	16	中外名著	I1/7
7	兵器工业	TJ	17	中外知名军人	K81/83
8	军人心理学	E0 - 051 B844. 2	18	军人音像期刊	E
9	军事教育学	E073	19	工具书 系列书	E H16 H2 H316
10	军队人事制度	E123	20	资料查询服务	

94. 生活书店（家庭书房、小康书坊）

序号	类　名	分类号（CIP 数据Ⅵ.）	序号	类　名	分类号（CIP 数据Ⅵ.）
1	家庭生活	C　TS97　F719　F293.2/.3　TU24　J525　B834　TU8　X956　B845.61	11	中外名人家庭	K81/83
2	烹饪食谱	TS971/972　R15	12	药　膳	R247
3	食物加工	TS2　TS972	13	足疗按摩	R244/246
4	美容美体	TS974　G831.3　R16	14	家庭教育	G61　G78　B844.1
5	家用电器	TM925　TN93　TS976.8/.9　TN949.7	15	生活音像期刊	TS
6	花鸟虫鱼	S8　S6	16	资料查询服务	
7	家庭宠物	S815　TS976.38　B843.2	17		
8	保健养生	R16/17　R214　B804.3　R212	18		
9	家庭藏书	I　J　B　D　N　TS　Z 等	19		
10	法律知识	D9	20		

95. 流行书店（摩登书屋）

序号	类名	分类号（CIP 数据Ⅵ.）	序号	类名	分类号（CIP 数据Ⅵ.）
1	中国当代文学畅销书	I2	11	流行心理学	B84
2	港澳台畅销书	I2	12	流行书作家人物	K81/83
3	外国文学畅销书	I1　I3/7	13	人生哲学	B821　B825　D432. 63　D648. 1　H136. 3　H033
4	哲学社科类畅销书	B　C 等	14	恋爱婚姻	B823　C913　R16　TS976. 3　B84　D649
5	科技类畅销书	N　T 等	15	读书学习	G79　G726. 9　B842. 3　G442
6	艺术类畅销书	J	16	个人书柜	I　J　B　D　N　TS　Z 等
7	生活美学	B834	17	流行音像期刊	J6 等
8	服饰知识	J52　TS93/94　TS97　TS941. 11	18	法律知识	D9
9	生活新潮	TS　J　TN　S　G 等	19	资料查询服务	
10	家居美化	J525. 1　TU238. 2	20		

96. 民族宗教书店（博爱书苑）

序号	类　名	分类号 （CIP 数据Ⅵ.）	序号	类　名	分类号 （CIP 数据Ⅵ.）
1	宗教理论	B91/92	11	中外宗教人物	K81/83
2	民族文化 人类学	C95　H2　D5/7 K89　K28 和 K1/7 中有关各类	12	宗教音乐	J6/7
3	神话原始宗教	B93	13	宗教美术	J2/59
4	佛　教	B94	14	宗教文学	I1/7
5	道　教	B95	15	宗教风俗	K89
6	伊斯兰教	B96	16	邪教现象	D5/6
7	基督教	B97	17	宗教音像期刊	B
8	其他宗教	B98	18	工具书	B　H16 H2　H316
9	术　数	B99	19	系列书	B
10	中国宗教	D635	20	资料查询服务	

97. 爱情书店（温馨书亭、丘比特书苑）

序号	类 名	分类号（CIP 数据Ⅵ.）	序号	类 名	分类号（CIP 数据Ⅵ.）
1	恋爱道德	B823.3	11	性卫生 计划生育	R167 R169
2	女性心理学	B844.5	12	爱情文学	I1/7
3	男性心理学	B844.6	13	爱情音乐舞蹈	J6/7
4	个性心理学	B848	14	爱情美术	J2/59
5	两性问题	C913.14	15	爱情影视	J8/9
6	婚姻家庭问题	C913.11/.13	16	中外动人 爱情人物	K81/83
7	生 育	C923	17	爱情礼仪风俗	C912.1 K89
8	性道德	B823.4	18	工具书	B82 C91 H16 H2 H316
9	个人修养	B21 B825 D648.1	19	系列书	B82 C91
10	民法典 婚姻家庭	D923	20	资料查询服务	

98. 古旧书店〔简牍书斋（坊、肆、局）、古籍槐市〕

序号	类　名	分类号（CIP 数据Ⅵ.）	序号	类　名	分类号（CIP 数据Ⅵ.）
1	经部的书	B22 等	11	中国版本	G256.22
2	史部的书	K2 等	12	古旧书拍卖	
3	子部的书	E　R　I 等	13	古旧书 征集收购	
4	集部的书	Z12 等	14	古旧书的修复	G253.6
5	古籍目录 善本书目	Z838	15	有关法律	D9
6	书的起源发展	G256.1	16	知名古籍 研究学者	K81/83
7	中国藏书	G253　K82 G258.83	17	工具书	G2　H16 H2　H316
8	古旧书代寄销		18	系列书	G2
9	旧书交换服务		19	资料查询服务	
10	善本线装古籍	G255.1 等	20		

99. 特价书店（打折书店、淘书者乐园）

一、按内容分					
序号	类　名	分类号 （CIP 数据Ⅵ.）	序号	类　名	分类号 （CIP 数据Ⅵ.）
1	经典著作	A　D	7	自然科学	N　O　P　Q 等
2	哲学社会科学	B　D　C	8	医药卫生	R
3	文化科学 教育体育	G	9	工业技术	T
4	语言文字 外语词典	H　Z	10	农业科学	S
5	文学艺术	I　J	11	生活百科	TS　S　C　Z
6	少儿读物 图册画片	I　J　G　K 等	12		
二、按新旧书分					
例 1	旧书区		例 2	新书区	
三、按不同打折程度分					
例 1	三折、五折书		例 2	八折、九折书	
四、按不同出版者分					
例 1	商务版书		例 2	海燕版书	

100. 书香文化斋（书香坊）

序号	类　名	分类号（CIP 数据Ⅵ.）	序号	类　名	分类号（CIP 数据Ⅵ.）
1	图书学	G256.1	11	藏书票	
2	中国版本	G256.22	12	礼品书包装	
3	藏书知识	G253.5	13	书斋文化	
4	藏书家	G258.83　K81/83	14	图书保护	G253.6
5	礼品书集成		15	工具书	G2　H16 H2　H316
6	家庭藏书大全		16	系列书	G2
7	特殊书籍		17	爱书音像期刊	G2
8	书　签		18	爱书者联谊会	
9	书　标		19		
10	藏书印		20		

七、附件

1.《GB/T 5795—2006　中国标准书号》有关内容介绍

中华人民共和国国家标准

GB/T 5795 - 2006

代替 GB/T 5795 - - 2002

中　国　标　准　书　号

China standard book number

1　适用范围

本标准规定了中国标准书号的结构、显示方式及印刷位置、分配及使用规则、与中国标准书号有关的元数据以及中国标准书号的管理系统。本标准为在中国依法设立的出版者所出版或制作的每一专题出版物及其每一版本提供唯一确定的和国际通用的标识编码方法。

4　中国标准书号的结构

4.1　中国标准书号的构成

中国标准书号由标识符“ISBN”和 13 位数字组成，其中 13 位数字分为以下五部分：

1）EAN · UCC 前缀；

2）组区号；

3）出版者号；

4）出版序号；

5）校验码。

书写或印刷中国标准书号时，标识符“ISBN”使用大写英文字母，其后留半个汉字空，数字的各部分应以半字线隔开。如下图所示：

ISBN EAN · UCC 前缀 – 组区号 – 出版者号 – 出版序号 – 校验码

示例：ISBN 978 – 7 – 5064 – 2595 – 7

4.2 ENA · UCC 前缀

中国标准书号数字的第一部分。由国际物品编码（EAN · UCC）系统专门提供给国际 ISBN 管理系统的产品标识编码。

4.3 组区号

中国标准书号数字的第二部分。它由国际 ISBN 管理机构分配。

中国的组区号为“7”。

4.4 出版者号

中国标准书号数字的第三部分。标识具体的出版者。其长度为 2 至 7 位，由中国 ISBN 管理机构设置和分配。

出版者号的设置见附录 D。

4.5 出版序号

中国标准书号数字的第四部分。由出版者按出版物的出版次序管理和编制。

编制规则见附录 A。

4.6 校验码

中国标准书号数字的第五部分，也是其最后一位。采用模数 10 加权算法计算得出。

计算方法见附录 C。

5 中国标准书号的分配

5.1 中国 ISBN 管理机构按照分配原则，根据出版者的出版计划，分配出版者号。

5.2 出版者应向中国 ISBN 管理机构提供分配中国标准书号的出版物的元数据。

有关元数据要求见附录 E。

5.3　一个中国标准书号在任何情况下均不能改变、替换或重复使用。

5.4　各出版者出版发行的每一出版物或其单行本均应使用不同的中国标准书号。内容相同而语种不同的出版物也应使用不同的中国标准书号。

5.5　同一出版物的不同产品形式（例如精装本、平装本、盲文版、录音带、视频、在线电子出版物等）均应使用不同的中国标准书号。已经出版且单独制作、发行的电子出版物的不同格式（例如“.lit”、“.pdf”、“.html”、以及“.pdb”等）均应使用不同的中国标准书号。

5.6　出版物的任何部分有较大改动，形成新的版本时，应分配新的中国标准书号；出版物内容相同题名更改的，应分配新的中国标准书号；版本、形式或者出版者毫无变化的重新印刷或复制的出版物，不分配新的中国标准书号；仅仅是定价改变或者诸如修正打印错误等细微变化的重新印刷或复制的出版物，也不分配新的中国标准书号。

6　中国标准书号在出版物上的位置和显示方式

6.1　总则

中国标准书号应永久出现在出版物上。

6.2　印刷形式出版物

6.2.1　中国标准书号应同时印刷在出版物的版本记录页和封底（或护封）。

6.2.2　在版本记录页中，中国标准书号应按 4.1 示例格式印刷，字号不小于 5 号。

6.2.3　在封底（或护封）上，中国标准书号应以条码格式印刷在封底（或护封）的右下角，条码符号上方印 OCR－B 字体的中国标准书号。

附　录　A

（规范性附录）

中国标准书号的分配及使用规则

A.1　概述

A.1.1　中国标准书号分配与出版物形式无关，不具有与该出版物权利归属有关的作为法律凭证的意义和价值。

A.1.2　公开出版的每一出版物的每一版本应分配不同的中国标准书号，同一版本的出版物产品形式不同或语种不同应分配不同的中国标准书号。

A.1.3　一个中国标准书号不应分配给出版物的多个版本或产品形式。

A.1.4　一个中国标准书号在任何情况下都不能重复分配，即便发现中国标准书号使用错误，也不得再分配给其他出版物。中国标准书号使用错误的，出版者应将错误的中国标准书号向中国 ISBN 管理机构报告。

A.1.5　出版物的修订版应分配新的中国标准书号。

A.1.6　由同一出版者以相同产品形式出版的同一出版物，在重印或复制时，不应分配新的中国标准书号。

A.1.7　由于产品形式改变而形成的特定出版物，应分配新的中国标准书号。例如，同一出版物的精装本、平装本、盲文版、软件、视听读物、以及网络电子版等。

A.1.8　仅是定价改变的出版物，不分配新的中国标准书号。

A.1.9　中国标准书号适用于以下种类的出版物：

1）印刷图书和小册子（以及此类出版物的不同产品形式）；

2）盲文出版物；

3）出版者无计划定期更新或无限期延续的出版物；

4）教育或教学用影片、录像制品和幻灯片；

5）磁带和 CD 或 DVD 形式的有声读物；

6）电子出版物实物载体形式（机读磁带、光盘、CD－ROMS）或是在互联网上出版的电子出版物；

7）印刷出版物的电子版；

8）缩微出版物；

9）教育或教学软件；

10）混合媒体出版物（内容以文字材料为主的）；

11）地图及教学制图、图示类出版物。

A.1.10　中国标准书号不适用于以下种类的出版物：

1）连续性资源（例如刊物、无限期出版的丛书以及整合性资源）；

2）暂时性印刷材料（例如广告等）；

3）印刷的活页乐谱；

4）无书名页和正文的美术印刷品及美术折页印张；

5）个人文件；

6）贺卡；

7）音乐录音制品；

8）用于教育或教学目的之外的软件；

9）电子广告版；

10）电子邮件和其他电子函件。

A.2　多卷册出版物

由多卷组成的出版物，应为出版物分配一个中国标准书号；如果该套出版物的各卷可以单独出售，每一卷也应有自己的中国标准书号；各卷的版本记录页应注明该卷的中国标准书号以及整套的中国标准书号。

不单卷销售（例如，每一卷都不单独销售的百科全书）的套书，为便于发行和处理退货，仍可每一套使用一个中国标准书号。

A.3　作为丛书组成部分的出版物

如果一种出版物既单独销售，也作为丛书之一向公众出售，则应将其视为两个不同的出版物，分配不同的中国标准书号。

A. 4　联合出版

由多个出版者共同出版或者联合编辑出版的出版物，每个合作出版者均可使用各自的中国标准书号，并将其显示在版本记录页中，但只能将其中的一个中国标准书号显示为条码形式。

A. 5　重印

A. 5. 1　如果同一出版者使用不同的出版标记出版同一出版物，则应分配一个新的中国标准书号。

A. 5. 2　如果同一出版物由不同的出版者使用不同的出版标记出版，也应分配一个新的中国标准书号。

A. 6　按需印刷出版物

按照客户要求制定专门内容或者为用户专用的按需印刷出版物，不分配中国标准书号。

A. 7　电子出版物

电子出版物中国标准书号的分配，按照本标准第5章的有关规定执行。

附　录　B

（规范性附录）

中国 ISBN 系统的管理

B.1　概述

ISBN 系统是用于出版物的标识系统。

ISBN 系统的管理分三级进行：国际管理、各组区管理和出版者管理。

中国 ISBN 的管理包括组区管理和出版者管理。依照 ISO 2108、国际 ISBN 管理机构制定的规则和本标准对该系统进行管理。

B.2　中国 ISBN 管理机构的功能和职责

中国 ISBN 管理机构的功能和职责包括：

1）遵照本标准促进、协调及监督中国标准书号的实施；

2）向出版物的出版者发布有关中国标准书号分配的通知；

3）根据国际 ISBN 管理机构制定的政策管理和保存 ISBN 号、ISBN 元数据以及管理数据的记录；

4）将以分配的中国标准书号的详细信息、元数据及管理数据输入记录；

5）修正错误的中国标准书号及中国标准书号元数据；

6）编制并保存与中国标准书号运行有关的统计数据，向国家新闻出版行政管理机关报送相关数据和报告，向国际 ISBN 管理机构报送年度报告；

7）对中国标准书号的使用者进行宣传、教育和培训；

8）根据国际 ISBN 管理机构制定的政策，向 ISBN 的其他区域管理机构和用户提供与中国标准书号有关的元数据；

9）编制中国出版者名录，为国际出版者名录（PIID）提供数据，并将信息提供给社会；

10）管理公用出版者号；

11）提供中国标准书号条码软件；

12）执行国际 ISBN 管理机构按照 ISO 2108 的规定制定的 ISBN 政策和程序，保证提供全程服务。

B.3 出版者的责任

出版者的责任包括：

1）按照本标准负责对其出版物分配出版序号并保证使用规范；

2）保证分配和使用的中国标准书号的唯一性，任何情况下都不得重复使用；

3）正确管理和使用中国 ISBN 管理机构分配和设置的专用中国标准书号的出版序号编号段，不得以任何方式转给他人；

4）按照本标准规定向中国 ISBN 管理机构报送出版物元数据；

5）向中国 ISBN 管理机构提供其现有及计划出版物情况，以保证分配的出版者号含有的出版量与出版者实际规模相符。

附　录　C

（规范性附录）

13 位数字中国标准书号的校验码

C.1　校验码用以检查中国标准书号编号的正确性。

C.2　中国标准书号校验码使用阿拉伯数字 0～9 中的 1 位数字字符。

C.3　校验码采用 10 的加权算法计算得出。

以 ISBN 978－7－5064－2595－7 为例，其计算方法见表 C.1。

表 C.1　由 13 位数字组成的中国标准书号校验码计算示例

		EAN · UCC 前缀			组区号	出版者号				出版序号				校验码
1	取 ISBN 前 12 位数字	9	7	8	7	5	0	6	4	2	5	9	5	?
2	取各位数字所对应的加权值	1	3	1	3	1	3	1	3	1	3	1	3	–
3	将各位数字与其相对应的加权值依次相乘	9	21	8	21	5	0	6	12	2	15	9	15	–
4	将乘积相加，得出和数	123												
5	用和数除以模数 10，得出余数	123 ÷ 10 = 12 余 3												
6	模数 10 减余数，所得差即为校验码	10 – 3 = 7												
7	将所得校验码放在构成中国标准书号的基本数字的末端	978 – 7 – 5064 – 2595 – 7												

如果步骤 5 所得余数为 0，则校验码为 0。

数学算式为：

校验码 = mod10 ｛10 – 〔mod10（中国标准书号前 12 位数字的加权乘积之和）〕｝

= mod10 ｛10 – 〔mod10（123）〕｝

= 7

验证中国标准书号的方法：加权乘积之和加校验码，被 10 整除。

附　录　D

（资料性附录）

中国标准书号的范围

D.1　概述

本附录提供了中国标准书号适用范围的设置及推导规则。

D.2　组区号设置范围内的出版量

国际 ISBN 管理机构为中国分配的组区号为“7”，此区号设置范围内的允许出版量见表 D.1。

表 D.1　EAN·UCC 前缀 978 内组区号“7”的允许出版量

EAN·UCC 前缀	组区号	允许出版量
978	7	100 000 000

D.3　出版者号的取值范围和出版量的设置

组区号、出版者号和出版序号共 9 位数字，但三部分中的每一部分的位数均是可变的。在组区号不变的情况下，设置出版者号后，即可推导出所含有的出版量，具体见表 D.2。

表 D.2　出版者号的取值范围和出版量

EAN·UCC 前缀－组区号	出版者号的设置范围	每一出版者号含有的出版量
978－7	00～09	1 000 000
	100～499	100 000
	5 000～7 999	10 000
	80 000～89 999	1 000
	9000 000～989 999	100
	9 900 000～9 999 999	10

2. 《GB/T 12451—2001 图书在版编目数据》有关内容介绍

中华人民共和国国家标准

GB/T 12451 -2001

图书在版编目数据

代替 GB/T 12451 --1990

Cataloguing in publication data in the book

---

7 图书在版编目的印刷格式

7.1 图书在版编目数据由 4 个部分组成，依次为：图书在版编目数据标题、著录数据、检索数据、其他注记。各部分之间空一行。

7.2 第一部分是图书在版编目数据标题，即标明“**图书在版编目（CIP）数据**”的标准黑体字样，其中“在版编目”一词的英文缩写“CIP”必须用大写拉丁字母，并加圆括号。

7.3 第二部分是著录数据。著录数据的书名与作者项、版本项、出版项等三项连续著录；丛书项、附注项、标准书号项均单独起行著录。

7.4 第三部分是检索数据。其排印次序为：书名检索点、作者检索点、主题词、分类号，各类检索点罗马数字加下圆点排序。各类之间留一个汉字空。除分类号外，同类检索点用阿拉伯数字圈码排序。分类号不止一个时，各个分类号之间留一个汉字空，但不用任何数字或符号排序。

书名、作者检索点采用简略著录法，即仅著录书名、作者姓名的首字，其后用“…”表示。

7.5 第四部分是其他注记，内容依据在版编目工作需要而定。

7.6 印刷格式

图书在版编目（CIP）数据

正书名 = 并列书名：其他图书信息/第一作者；其他作者 . —版次及其他版本形式/与本版有关的第一作者 . —出版地：出版者，出版时间

（正丛书名 = 并列丛书名/丛书主编，ISSN：丛书编号 · 附属丛书名）

附注

国际标准书号（ISBN）

Ⅰ. 书名　Ⅱ. 作者　Ⅲ. 主题词　Ⅳ. 分类号

其他注记

3. 《GB/T 12450—2001 图书书名页》有关内容介绍

中华人民共和国国家标准

GB/T 12450 －2001

图　书　书　名　页

eqv ISO 1086：1991

代替 GB/T 12450 －－1990

Title leaves of books

1　范围

本标准规定了图书书名页上的文字信息及其编排格式。

本标准适用于印刷出版的图书。

4　主书名页

4.1　扉页

提供图书的书名、作者、出版者。

位于主书名页的正面，即单数页码面。

4.1.1　书名

书名包括正书名、并列书名及其他书名信息。

正书名的编排必须醒目。

4.1.2　作者

作者名称采用全称。

翻译书应包括原作者的译名。

多作者时，在扉页列载主要作者，全部作者可在主书名页后加页列载。

4.1.3　出版者

出版者名称采用全称，并标出其所在地（名称已表明所在地者可不另标)。

4.2 版本记录页

提供图书的版权说明、图书在版编目数据和版本记录。

位于主书名页的背面，即双数页面码。

4.2.1 版权说明

经作者或版权所有者授权出版的作品，可标注版权符号©，并注明版权所有者的姓名及首次出版年份。

排印在版本记录页的上部位置。

4.2.2 图书在版编目数据

图书在版编目数据的选取及编排格式执行 GB/T 12451 的有关规定。

排印在版本记录页的中部位置。

4.2.3 版本记录

提供图书在版编目数据未包含的出版责任人记录、出版发行者说明、载体形态记录、印刷发行记录。

排印在版本记录页的下部位置。

4.2.3.1 出版责任人记录

责任编辑、装帧设计、责任校对、和其他有关责任人。

4.2.3.2 出版发行者说明

出版者、排版印刷合装订者、发行者名称均采用全称。

出版者名下注名详细地址及邮政编码，也可以加注电话号码、电子信箱或因特网址。

4.2.3.3 载体形态记录

参照 GB/T 788 列载图书成品幅面尺寸。

列载印张数、字数。

列载附件的类型和数量，如“附光盘一张”。

4.2.3.4 印刷发行记录

列载第 1 版、本版、本次印刷的时间。

列载印数。

列载定价。

5 附书名页

5.1 附书名页列载丛书、多卷书、翻译书、多语种书、会议录等的信息。

5.1.1 丛书

列载丛书名、丛书主编。

5.1.2 多卷书

列载多卷书的总书名、总卷数、主编或主要作者。

5.1.3 翻译书

列载翻译书的原作书名、作者、出版者的原文，出版地、出版年及原版次，原版权说明，原作的 ISBN。

5.1.4 多语种书

列载多语种书的第二语种及其他语种的书名、作者、出版者。

5.1.5 会议录

列载会议名称、届次、日期、地点、组织者。

5.2 附书名页的信息一般列载于双数页码面，与扉页相对。

必要时，可以使用附书名页单数页码面，或增加附书名页。

5.3 不设附书名页时，附书名页的书名信息需列载于扉页上。

4.《中国图书馆分类法（第五版）》类目简表

A　马克思主义、列宁主义、毛泽东思想、邓小平理论

A1　马克思、恩格斯著作

A2　列宁著作

A3　斯大林著作

A4　毛泽东著作

A49　邓小平著作

A5　马克思、恩格斯、列宁、斯大林、毛泽东、邓小平著作汇编

A7　马克思、恩格斯、列宁、斯大林、毛泽东、邓小平生平和传记

A8　马克思主义、列宁主义、毛泽东思想、邓小平理论的学习和研究

B　哲学、宗教

B0　哲学理论

B1　世界哲学

B2　中国哲学

B3　亚洲哲学

B4　非洲哲学

B5　欧洲哲学

B6　大洋州哲学

B7　美洲哲学

B80　思维哲学

B81　逻辑学（论理学）

B82　伦理学（道德哲学）

B83　美学

B84　心理学

B9　宗教

C　社会科学总论

C0　社会科学理论与方法论

C1　社会科学概况、现状、进展

C2　社会科学机构、团体、会议

C3　社会科学研究方法

C4　社会科学教育与普及

C5　社会科学丛书、文集、连续性出版物

C6　社会科学参考工具书 [C7] 社会科学文献检索工具书

C79　非书资料、视听资料

C8　统计学

C91　社会学

C92　人口学

C93　管理学

[C94]　系统科学

C95　民族学、文化人类学

C96　人才学

C97　劳动科学

D　政治、法律

D0　政治学、政治理论

D1　国际共产主义运动

D2　中国共产党

D33/37　各国共产党

D4　工人、农民、青年、妇女运动与组织

D5　世界政治

D6 中国政治
D73/77 各国政治
D8 外交、国际关系
D9 法律
DF 法律

E 军事

E0 军事理论
E1 世界军事
E2 中国军事
E3/7 各国军事
E8 战略学、战役学、战术学
E9 军事技术
E99 军事地形学、军事地理学

F 经济

F0 经济学
F1 世界各国经济概况、经济史、经济地理
F2 经济管理
F3 农业经济
F4 工业经济
F49 信息产业经济
F5 交通运输经济
F59 旅游经济
F6 邮电通信经济
F7 贸易经济
F8 财政、金融

G	**文化、科学、教育、体育**
G0	文化理论
G1	世界各国文化与文化事业
G2	信息与知识传播
G3	科学、科学研究
G4	教育
G8	体育

H	**语言、文字**
H0	语言学
H1	汉语
H2	中国少数民族语言
H3	常用外国语
H4	汉藏语系
H5	阿尔泰语系（突厥－蒙古－通古斯语系）
H61	南亚语系（澳斯特罗－亚西亚语系）
H62	南印语系（达罗毗荼语系、德拉维达语系）
H63	南岛语系（马来亚－玻里尼西亚语系）
H64	东北亚诸语言
H65	高加索语系（伊比利亚－高加索语系）
H66	乌拉尔语系（芬兰－乌戈尔语系）
H67	闪－含语系（阿非罗－亚西亚语系）
H7	印欧语系
H81	非洲诸语言
H83	美洲诸语言
H84	大洋州诸语言
H9	国际辅助语

I 文学

I0 文学理论

I1 世界文学

I2 中国文学

I3/7 各国文学

J 艺术

J0 艺术理论

J1 世界各国艺术概况

J2 绘画

J29 书法、篆刻

J3 雕塑

J4 摄影艺术

J5 工艺美术

[J59] 建筑艺术

J6 音乐

J7 舞蹈

J8 戏剧、曲艺、杂技艺术

J9 电影、电视艺术

K 历史、地理

K0 史学理论

K1 世界史

K2 中国史

K3 亚洲史

K4 非洲史

K5 欧洲史

K6 大洋州史

K7　美洲史
K81　传记
K85　文物考古
K89　风俗习惯
K9　地理

N　**自然科学总论**
N0　自然科学理论与方法论
N1　自然科学概况、现状、进展
N2　自然科学机构、团体、会议
N3　自然科学研究方法
N4　自然科学教育与普及
N5　自然科学丛书、文集、连续性出版物
N6　自然科学参考工具书
[N7]　自然科学文献检索工具
N79　非书资料、视听资料
N8　自然科学调查、考察
N91　自然研究、自然历史
N93　非线性科学
N94　系统科学
[N99]　情报学、情报工作

O　**数理科学和化学**
O1　数学
O3　力学
O4　物理学
O6　化学
O7　晶体学

P　　天文学、地球科学

P1　　天文学

P2　　测绘学

P3　　地球物理学

P4　　大气科学（气象学）

P5　　地质学

P7　　海洋学

P9　　自然地理学

Q　　生物科学

Q1　　普通生物学

Q2　　细胞生物学

Q3　　遗传学

Q4　　生理学

Q5　　生物化学

Q6　　生物物理学

Q7　　分子生物学

Q81　　生物工程学（生物技术）

[Q89]　　环境生物学

Q91　　古生物学

Q93　　微生物学

Q94　　植物学

Q95　　动物学

Q96　　昆虫学

Q98　　人类学

R　　医药、卫生

R1　　预防医学、卫生学

R2	中国医学
R3	基础医学
R4	临床医学
R5	内科学
R6	外科学
R71	妇产科学
R72	儿科学
R73	肿瘤学
R74	神经病学与精神病学
R75	皮肤病学与性病学
R76	耳鼻咽喉科学
R77	眼科学
R78	口腔科学
R79	外国民族医学
R8	特种医学
R9	药学

S	**农业科学**
S1	农业基础科学
S2	农业工程
S3	农学（农艺学）
S4	植物保护
S5	农作物
S6	园艺
S7	林业
S8	畜牧、动物医学、狩猎、蚕、蜂
S9	水产、渔业

T 工业技术

TB 一般工业技术

TD 矿业工程

TE 石油、天然气工业

TF 冶金工业

TG 金属学与金属工艺

TH 机械、仪表工业

TJ 武器工业

TK 能源与动力工程

TL 原子能技术

TM 电工技术

TN 电子技术、通信技术

TP 自动化技术、计算机技术

TQ 化学工业

TS 轻工业、手工业、生活服务业

TU 建筑科学

TV 水利工程

U 交通运输

U1 综合运输

U2 铁路运输

U4 公路运输

U6 水路运输

[U8] 航空运输

V 航空、航天

V1 航空、航天技术的研究与探索

V2 航空

V4 航天（宇宙航行）
[V7] 航空、航天医学

X 环境科学、安全科学

X1 环境科学基础理论
X2 社会与环境
X3 环境保护管理
X4 灾害及其防治
X5 环境污染及其防治
X7 行业污染、废物处理与综合利用
X8 环境质量评价与环境监测
X9 安全科学

Z 综合性图书

Z1 丛书
Z2 百科全书、类书
Z3 辞典
Z4 论文集、全集、选集、杂著
Z5 年鉴、年刊
Z6 期刊、连续性出版物
Z8 图书报刊目录、文摘、索引

5.《中国人民大学图书馆图书分类法（第六版)》四大部分、十七大类

四大部分	十 七 大 类
总结科学	1 马克思列宁主义、毛泽东著作 2 哲学、辩证唯物主义与历史唯物主义 附：宗教、无神论
社会科学	3 社会科学、政治 4 经济、政治经济学与经济政策 5 国防、军事 6 国家与法、法律 7 文化、教育 8 艺术 9 语言、文字学 10 文学 11. 历史、革命史 12. 地理、经济地理
自然科学	13. 自然科学 14. 医药、卫生 15. 工程、技术 16. 农艺、畜牧、水产
综合图书	17. 综合参考

6.《全国图书统一编号方案》（1972）有关内容介绍

《全国图书统一编号方案》是原文化部出版事业管理局1956年2月颁布的，4月1日起实施。1972年11月国务院有关部门对“方案”作了修订，12月7日通知全国出版单位执行。

全国统一书号颁布后，先后使用了30余年。随着客观情况的变化，原国家出版局于1986年发出通知，对统一书号的使用做出了新的规定。通知指出，1987年1月1日以后发稿的图书，从征订目录到版本记录一律采用中国标准书号，同时保留全国统一书号；1988年以后发稿的图书一律取消统一书号，只用中国标准书号，但中国标准书号不包括下列4类出版物：

1. 临时性印刷品，如年画、年历画、挂历、台历等；
2. 无书名页的单张美术印刷品或折面美术印刷品（图片）；
3. 各级技术标准文件（单页的）；
4. 不另加封面的出版物，如活页文选、活页歌片等。

上述出版物可继续使用全国统一书号，但要将统一书号中的出版社号，改为中国标准书号中的出版者号。

统一书号的排列次序是，每一个书号中，首列分类号，其次为出版社代号，再次为序号。出版社代号与序号之间加一圆点，圆点之前的阿拉伯数字为出版社代号，出版社代号之前的一个或两个阿拉伯数字为《中国人民大学图书馆图书分类法（第五版）》（“人大法”）分类号。

以中国标准出版社2006年出版的《中华人民共和国行业标准 < 图书流通信息交换规则 >（CY/T 39—2006）》为例：

书号：155066 · 2 – 16728

这本书的分类号为“15”，出版社代号为“5066”，序号为“2 – 16728”。

7.《四库全书总目》分类法介绍

《四库全书总目》大体设成部、类、属三级分类。按内容、体例分类，包括 4 部 44 类 66 属。

（1）四库全书总目经部。包括易类、书类、诗类、礼类、春秋类、孝经类、五经总义类、四书类、乐类、小学类等 10 个大类，其中礼类又分周礼、仪礼、礼记、三礼总义、通礼、杂礼书 6 属，小学类又分训诂、字书、韵书 3 属。

（2）四库全书总目史部。包括正史类、编年类、纪事本末类、杂史类、别史类、诏令奏议类、传记类、史钞类、载记类、时令类、地理类、职官类、政书类、目录类、史评类等 15 个大类，其中诏令奏议类又分诏令、奏议 2 属，传记类又分圣贤、名人、总录、杂录、别录 5 属，地理类又分宫殿疏、总志、都会郡县、河渠、边防、山川、古迹、杂记、游记、外记 10 属，职官类又分官制、官箴 2 属，政书类又分通制、典礼、邦计、军政、法令、考工 6 属，目录类又分经籍、金石 2 属。

（3）四库全书总目子部。包括儒家类、兵家类、法家类、农家类、医家类、天文算法类、术数类、艺术类、谱录类、杂家类、类书类、小说家类、释家类、道家类等 14 大类，其中天文算法类又分推步、算书 2 属，术数类又分数学、占侯、相宅相墓、占卜、命书相书、阴阳五行、杂技术 7 属，艺术类又分书画、琴谱、篆刻、杂技 4 属，谱录类又分器物、食谱、草木鸟兽虫鱼 3 属，杂家类又分杂学、杂考、杂说、杂品、杂纂、杂编 6 属，小说家类又分杂事、异闻、琐语 3 属。

（4）四库全书总目集部。包括楚辞类、别集类、总集类、诗文评类、词曲类等 5 个大类，其中词曲类又分词集、词选、词话、词谱词韵、南北曲 5 属。除了章回小说、戏剧著作之外，以上门类基本上包括了社会上流分布的各种图书。就著者而言，包括妇女，僧人、道家、宦官、军人、帝王、外国人等在内的各类人物的著作。

后　记

2003年和2005年我编著的《中国实用书店陈列分类表大全》《中国出版物营销分类方法》在中国书籍出版社出版，近二十年过去了，我国出版发行市场发生了巨大变化，但图书卖场对一个地区的阅读氛围影响仍是不可或缺的一片绿洲。图书营销分类做的好，可以使读者有身处知识海洋的感觉，这是网络销售所不能比拟的，也是许多读者愿意去书店选书的重要原因。因此，我根据图书市场和读者阅读习惯的变化，加上这些年新的学习研究成果编著《实用书店图书营销分类方法》一书，奉献于我所钟爱的新华书店事业及广大读者朋友们！让家家有书房，户户飘书香成为时尚，为倡导全民阅读建设学习型社会贡献一份力量是我的美好心愿。

诚挚地感谢出版发行界朋友们的帮助，特别是中国文史出版社的大力支持。读者在阅读和使用中发现书内思路偏差及词句纰漏，还望不吝赐教，以便有机会时予以纠正。

王建强

2020年10月9日